诗意语文系列丛书

诗意语文
生成性课堂的生命之美

总主编 董一菲
本书主编 张 茵

西苑出版社
XIYUAN PUBLISHING HOUSE

图书在版编目（CIP）数据

诗意语文．生成性课堂的生命之美／董一菲主编．－－北京：西苑出版社，2018.7
ISBN 978-7-5151-0685-4
Ⅰ．①诗… Ⅱ．①董… Ⅲ．①中学语文课—课堂教学—教学研究 Ⅳ．① G633.302

中国版本图书馆 CIP 数据核字（2018）第 123996 号

诗意语文：生成性课堂的生命之美
SHIYI YUWEN SHENGCHENGXING KETANG DE SHENGMING ZHI MEI

出 品 人	赵　晖
责任编辑	康志刚　汪昊宇
责任印制	陈爱华
责任校对	刘　娟
书装设计	徐慧芳
出版发行	西苑出版社
通讯地址	北京市朝阳区和平街 11 区 37 号楼　邮政编码 100013
电　　话	010-88636419　传　真　010-84281520
	E-mail　xiyuanpub@163.com
印　　刷	北京文昌阁彩色印刷有限责任公司
经　　销	全国新华书店
开　　本	841×1189 毫米　1/32
字　　数	166 千字
印　　张	10.5
版　　次	2018 年 7 月第 1 版
印　　次	2018 年 7 月第 1 次印刷
书　　号	ISBN 978-7-5151-0685-4
定　　价	58.00 元

（凡西苑版图书如有缺漏页、残破等质量问题，本社邮购部负责调换）

版权所有　翻印必究

序

汉语是诗性的，语文原本诗意，诗意是语文的自然属性。孩子的年华与心灵也是一首诗。教育超越功利直指灵魂，是诗意的事业，文学与艺术甚至课堂到达某种境界都会闪烁诗的光芒。所以，诗意语文是情怀，是境界，是语文教育的宏大而又精微的属性。诗意的人生是一种追求。作为一位教师，要以诗意为天，以理性为壤，通过诗意的语文教学实践，让学生在诗意的语文学习中，达成诗意的成长，进而学会诗意地生活，为诗意人生奠基。

诗意语文的课堂是诗意氤氲的圣殿，是优雅美丽的合集。它顺乎文理，顺乎自然，顺乎纯真。听从一切生命的召唤，倾听人性人情的声响，洋溢着文学气、书卷气和强烈的文化认同感、归属感，从而在语文的诗意中升腾出高贵的品格与尊严。

叶嘉莹先生说："诗就是人心的苏醒，是离我们心灵本身最近的事情，是从平庸、浮华与困顿中，醒过来见到自己的真身，真身就是自我。"我曾经这样解读"诗意语文"，px就是一粒精神的种子，能塑造孩子人生的诗意美好，而这粒种子更让语文老师找到了人生的诗意美好。

诗意是我永远的追求与向往，在这条追求的路上，集结越来越多的语文同道，追求着我的追求，执着着我的执着。

我的"诗意语文工作室"成立时间并不长，短短两年多，从形单影只一个人，到闻讯而来的几十人，到呼朋唤友、知音相觅的一二百人，最后到人员满聚的五百人，另有诗心拳拳于预备群中孜孜以求的近百人。这种由量变到质变、最终飞跃式的发展，足见当代语文教师对诗意教学、诗意栖居的追求与渴望。工作室这个小小的微信平台，以开放包容的姿态，集聚了天南海北近700位诗意语文人，覆盖全国22个省、4个直辖市、5个自治区（目前只有港澳台的语文教师缺席）。这里有由38位大学教授、特级教师、省市著名教研员组成的工作室特聘导师团队做引领，还有600余位全国语文才俊做支撑，共同践行诗意语文的理念，打造语文的诗意空间。

工作室活动的创建与参与全都是工作室成员的自动、自发、自觉的行为。在这种自动自觉下，热爱诗意语文的老师们，迸发出了令人赞叹不已的热情和创造力，诸多有热情有能力有担当的青年才俊纷纷涌现，群策群力，短时间内就推出了"诗意语文讲坛"等22个栏目，有层次、有特色，立体全方位服务教研与教学。

"读万卷书，行万里路"，工作室将苦练内功与游学送课相结合，力求打造知行合一的成长空间，诗意语文人勇于实践，不断超越自我。2017年3月，我曾应湖南永州宁远教育局之邀，携工作室群主张茵、坛主王青生送课宁远；2016年、2017年全国高中语文教师基本功两届大赛共40人左右随赴赛场，他们各展英姿，在交流学习中迅速成长成熟。一个个比赛成绩和岗位业绩，都让我看到了诗意语文人蓬勃的生命力与高昂的进取意识。他们充满理想，富有朝气，以一种永不停歇的成长态势活泼地工作着、生活着。

就是这样的诗意语文人，以一种对文字文化文明的虔诚，书写着、追寻着。两年的时间里，有30余人次在《语文学习》等核心期刊上发表论文。同时，还撰写了《高中语文经典篇目同课异构与点评》等近30本书。

我震惊于他们强大的执行力与爆发力，更欣喜于他们孜孜以求、充满创新的精神力量。他们都是诗意的创造者、承继者、传播者，播洒诗意、播洒美丽、播洒心灵的光辉。

而今，在诗意语文思想与实践的热烈芬芳之时，"诗意语文系列丛书"的约稿征集，让工作室老师群情鼎沸，将思想流淌笔端，让文字传递诗情，是诗意语文人笔耕不辍的原动力。语文核心素养有四个元素：语言结构与应用、思维发展与提升、审美鉴赏与创作、文化传承与理解。诗意语文围绕这四个维度展开，丛书也围绕这四个维度阐述并将全方位展示诗意语文人的从教之思、施教之意、善教之美。

每一种独特的语言表达方式都是其思维的路向与生命体验的精神符号。正因如此，"诗意语文系列丛书"更具有文学气质。它渗透个人的理解，表达个人的情趣和品味，浸染独特的感觉体验和情感，点燃与激活诗性思维与生命激情，凝结成无形的精神气质。它呈现出一种浪漫主义和精神向度，以语文的高贵姿态，传递美的信念。

坚守汉语的诗性，激扬文化的自信，唤醒生命的诗意，点燃职业的激情，丰盈审美的灵魂，领略语文教学的诗意，探究语文的本源。诗意语文愿与更多语文人携手，于有限的语文教学空间，开拓无限的语文教学长路。

路漫漫其修远，诗意相伴，吾道不孤。语文之道，在体悟、在实践、在交流、在思考、在阅读、在勤奋。道在何方，在笔头、在脚下、在心上。

董一菲

前　言

只要置身于诗意语文工作室，就能感觉到这里的勃勃生机，它并不时时显现，常以一种静水深流的姿态涵养着、酝酿着，一旦需要，就迸发出蓬勃的力量，呈现不可阻挡的气势。"诗意语文系列丛书"选题的通过完全点爆了诗意语文人的热情，在不到一天半的时间，就完成了6本书的作者招募，200多人参与的数据足以令人自豪。热烈热闹却不失秩序，激情深情却不失理性与冷静，诗意语文人的向道之心与凝聚力令人惊叹与自豪，实堪称道。

"诗意语文系列丛书"作为"诗意语文工作室"的品牌丛书，全方位解读"诗意"内涵，呈现诗意语文工作室的精神与面貌，"生成性课堂"的解读就是其中的一个角度。语文学科承载的是中华文学文化文明，是人类穿越千古历久弥新的思想与智慧，它是灵性的，是富有生机的，而现实中基于功利的语文课堂常常沦为机械枯燥的应试工具，缺少灵魂的课堂自然失去了吸引力。课堂中的生成作为激活思想迸发光彩的部分，是师生共享创造快乐的源泉。

申报审题之初，为了确定"生成性课堂"的研究方向、创作主题，我和本书副主编李萍、张肖侠、王青生、刘士友四位工作室的核心成员反复揣摩，不断商议，也不断否定重构，最终由一菲老师一锤定音，直指生成性课堂的"生命"特点。

生成，是产生是生长是长成。（一菲老师语）因而这本书的各位诗意语文作者紧紧围绕"生成""生命"两个特点，从"诗词篇""文言文篇""小说篇""散文篇""传记篇""名著导读篇"六个体例出发，找寻一些语文课堂中出现的，如一菲老师所说的"充满诗意、充满审美、充满理想、充满智慧、充满激趣、充满执教者热烈的情感、充满孩子生命的成长"的教学生成片断，从中品味课堂生成蓬勃的生命之美，探究课堂生成的规律与方法，提高教学能力与智慧。

《诗意语文：生成性课堂的生命之美》这本书，将语文课堂中学生个体生命的觉醒与师生、生生情思的交响记录呈现，同时进行更深的反省与思考。技巧与智慧、知识与能力、预设与生成、情理与自然交织、心灵与心灵共鸣,每一堂教学都是厚积薄发的挥洒,每一个感悟都是深切真挚的倾诉。30位参编的诗意语文教师从大量教学实践中选出优秀课堂实录,力求以课堂教学还原生成性课堂的真实,解读生成性课堂的本源。

这个过程的艰难令人超乎想象,最大的困难在于选材。篇目角度确定后,选择符合"生成""生命"特点的课堂实录,成为首要任务。一个精彩的生成片段,就是一堂课的点睛之笔,就是教师教学思想的灵动显现,就是学生情思飞扬的生命之光。然而,也许这些课堂的存在并不常态,也许我们的课堂实录习惯并不良好,符合认识的生成性课堂实录可谓寥寥,特别是有关名著导读的课堂生成实录,更堪称凤毛麟角。各位诗意语文作者反复推敲、重复比较,披沙拣金,优中选优,为此做了卓绝的努力。而数易其稿,精益求精到吹毛求疵的程度,也进一步体现出诗意语文人的严肃严谨。与此同时,每个人都在这个过程中得到沉淀提升。

从这个角度上说,《诗意语文:生成性课堂的生命之美》不只是诗意课堂的客观呈现,更是诗意语文人蓬勃向上的生命力、常知常新的行动力的无限书写。每一篇文章都有其独特的视角,都有令人欣然欣喜、令人憧憬期待的、有情有意有趣有味的新体验新思考。生命成长的力量,从或畅意或深沉的文字中喷薄而出,以真实自然的圆融,再现生成性课堂的灵魂滋养以及生命的脉动。

文字是生命的印记,课堂让生命绽放。语文的生成性课堂有精致的况味,有高迈的广阔,有执着的热烈,有灵动的渺远。这些都是诗意的存在,是灵魂优美的证明,是生命燃烧后留下的痕迹。中国文学的雅致,是从诗歌出发,以诗意为灵魂的,诗性、人性、神性,就是文学的灵性。诗意在朴素的语文中,在生命力勃发的课堂中,做真的解读,美的引领。

心从天外来千里,人在诗中过一生。宋代禅宗大师青原行思曾提出参禅的三重境界:参禅之初,看山是山,看水是水;禅有悟时,看山不是山,看水不是水;禅中彻悟,看山仍然是山,看水仍然是水。而今我们认为,诗意语文的生成性课堂也有三重境界:从生命出发,与生命共舞,向生命抵达。

张　茵

目 录

诗 词 篇

点拨精巧妙，山青又一峰
　　——《氓》的教学生成之思　　　　　　　2

云破月来花弄影
　　——《采薇》课堂生成之美　　　　　　13

当生成邂逅预设
　　——《定风波》课堂生成之思　　　　　24

反复品味，生成体悟之美
　　——《将进酒》的观摩之思　　　　　　35

激起万般思绪，荡开一片涟漪
　　——《水调歌头》教学生成之思　　　　45

文言文篇

巧问探幽
　　《赤壁赋》课堂生成之思　　　　　　　57

引趣导思，拨云见日
　　——《逍遥游》的教学生成之思　　68
生生不息，嫩蕊商量细细开
　　——《劝学》课堂生成之思　　79
人间至美是遇见
　　——《湖心亭看雪》课堂生成之思　　89
游戏为舟读做桨，古为今用智者心
　　——《〈论语〉十二章》课堂生成之思　　100

小 说 篇

启发思辨探真容
　　——《林黛玉进贾府》教学生成之思　　113
难以忘却，你的那双眼
　　——《祝福》小说课堂教学生成之美　　123
落霞与孤鹜齐飞，秋水共长天一色
　　——《装在套子里的人》教学生成之思　　134
你若深情，花必绚烂
　　——《一碗阳春面》教学生成之美　　144
有些鸟儿注定不会被关在笼子里
　　——《最后一片常春藤叶》生成之思　　154

散文篇

择机而教，适时而动
　　——《囚绿记》课堂教学生成之思　　165

春风化雨山渐青
　　——《谈中国诗》课堂教学生成之思　　175

对话，使课堂生成更精彩
　　——《在马克思墓前的讲话》课堂教学生成之思　　185

触"点"成"网"，且思且深
　　——《那树》课堂教学生成之思　　195

巧借好"东风"，助力深解文
　　——《荷塘月色》课堂教学生成之思　　205

传记篇

何处春江无月明
　　——《沈从文：逆境也是生活的恩赐》教学生成之思　217

一字之美，生命之成
　　——《杨振宁：合璧中西科学文化的骄子》
　　课堂生成之思　　227

突破预设，教学相长
　　——《鲁迅：深刻和伟大的另一面是平和》
　　课堂生成之思　　　　　　　　　　　　237
巧设情境，跨时越空觅深情
　　——《李方舟传》教学生成之思　　　　247
让"美丽"静静绽放
　　——《美丽的颜色》课堂生成之美探微　257

名著导读篇

书山有路"招"为径，教海无涯"问"作舟
　　——《草房子》课堂生成之思　　　　　269
柳暗花明又一村
　　——《雷雨》课堂生成之思　　　　　　280
敢问路在何方
　　——《西游记》名著导读生成之思　　　290
平等的教学对话
　　——《平凡的世界》教学生成之思　　　301
巧引探著
　　——《红星照耀中国》课堂生成之思　　311
后　记　　　　　　　　　　　　　　　　　320

诗词篇

点拨精巧妙，山青又一峰

——《氓》的教学生成之思

写在前面的话

教学生成是课堂上最具有魅力的地方，是整节课的灵魂。没有了生成，课堂会变得呆板凝滞、沉闷乏味、毫无生气。有很多老师认为生成是可遇不可求的，是灵感乍现的瞬间。固然有此精妙处，但是教师经过自己的精妙点拨，也是完全可以实现意想不到的课堂生成的。语文教师应谨记，不是怎样让学生死记住某个知识点，而是要时刻想着怎样让学生的思维能力再上一个台阶。

在多年的教学中，我发现很多一线教师在教学上逐渐变懒。这个懒主要是指对课堂教学的不追求、不作为。老师习惯了按照预设、按照课件提出问题，象征性地让学生讨论一下，然后就对着课件公布了所谓的"标准答案"。这样的教学过程，不仅磨没了教师的个性，也消耗掉了学生的思维能力。长期下来，学生在语文上的思考能力几乎变成了零，殆矣。

语文的生成，就在于关照学生的这种思维能力的提升，适当地走一些奇峰险路，实现学生的生命成长。这里不仅有人文关怀，更有学生自主探求的生成之乐、智慧之光。这才能让学生成为一个有独立思考能力的人。

教师应该似一导游，以巧点妙拨引导学生寻幽探胜。教师不是代替学生游览，而是带领学生让他们自己去发现风景。我们不应害怕多走路而错过了风景，而应让学生仿佛在山道上行走，使之目不暇接于语文的魅力。

课堂实录

师：找一下诗中从第一节到第六节有哪些变化？
生：女子与男子之间的关系以及她的情感的变化。

先是恋爱期的甜蜜，接下来是婚姻中的痛悔与怨恨，最后是婚姻破裂后的清醒刚烈。

生：女子容貌的变化。先是"桑之未落"，接下来是"桑之落矣"，说明女子容颜由青春漂亮变成了年老色衰。

师：那女子被男子抛弃也有可能是这个原因。

生：男子婚姻前后对女子态度的变化。结婚前是"蚩蚩"，婚后就变成"至于暴矣"。

生：写到了三次淇水的变化。第一次是"送子涉淇，至于顿丘"；第二次是"淇水汤汤，渐车帷裳"；第三次是"淇则有岸，隰则有泮"。

师：能仔细说说三次写到淇水，作者有何深意吗？

生：……

师：那你看看三次写淇水，分别出现在什么阶段？

生：第一次是在恋爱时期，写女子送男子过河，淇水平静，水波不兴，也暗示着男女之间的爱情美好而甜蜜。第二次是在他们婚姻中，写淇水浩荡，打湿了车的帷幔，说明女子前往夫家的路途不顺，也暗示着今后的婚姻不顺。第三次是在婚姻破裂后，写到淇水再宽也有个界线，意在反衬男子做事没有任何准则，也暗示着女子做事是有原则的，因此女子要果断与男子决裂。

生：（举手）老师，我不同意他对第二次写淇水的解读。我认为第二次不是前往夫家的描写，应该是写女子婚姻即将破裂回娘家的时候。

师：为何如此解释？能不能谈谈你的高见？

生：（继续）这句应该是运用了起兴的手法。帷裳何罪，居然被淇水打湿，这样就为下一句"女也不爽，士贰其行"做了铺垫。况且这段第一句是"桑之落矣，其黄而陨"，是写婚姻破裂的原因，下节就写到了回娘家后的"兄弟不知，咥其笑矣"，与之相照应。

师：解读深刻，且结合文本有理有据，非常好的思维，为他鼓掌。

生：女子对男子称呼的变化。先称呼"氓"，之后是"复关"，再是"士"，最后是"尔"。这说明女子对男子的感情态度发生了变化。

师：你的回答虽机智但有点笼统啊，（全班笑）能不能具体说说怎么变化的？

（无人回答）

师：氓，我们从造字角度来分析。

生：氓，是亡和民的组合，所以氓就是亡民。于是我们就可以发现这男子极有可能是流民身份，家里比较贫困。这个称呼就是一个代表身份的称呼，看不出女子对男子有什么特殊感情。

生：我有重大发现。氓这个身份的揭示，说明女子最初就知道男子家没钱，但还是义无反顾地嫁给了他，说明女子对这份感情的真诚和痴情，说明女子对男子是真爱。而男子娶到女子之后，竟然抛弃了她，说明男子是贪图女子的财产，也说明男子的品性太坏了。他的这种身份也是他恶劣品性的根源。

师：第二个称呼"复关"，复关代表什么？

生：男子家住的地方。这种称呼是借代的手法。处在恋爱甜蜜期的女子，痴痴地等着见男子，但是又怕被人发现，所以不直呼其名，而使用代号，足见女子在恋爱中的甜蜜。也描写出了女子既思念男子，又怕被人发觉的矛盾心理。

师：第二个被你们破解了，那第三个称呼"士"呢？

师：这个称呼使用在婚姻中。士，也是对男子的敬称，和"子"差不多。但是士是最低级的贵族，是有希望做官的人。古代女子对自己丈夫还有哪些称呼？

生：夫君、相公、官人。

师：这三个称呼都和"官"有关，说明了什么？

生：说明女子在家是把自己丈夫当作官员的，是管着自己的，也看出女子的地位低下。老师，我明白女子为什么会被抛弃了。从这个称呼可以看出女子在夫家没有话语权和平等的人权，只是丈夫的一个附属品。所以当丈夫不想要她时，她也没有别的办法。

师：很好，你敏锐地发现了女子被丈夫抛弃的另一个原因。我们来看最后一个称呼"尔"，能表现女子对男子什么态度？

生："尔"是"你"，是无情感表现的称呼，表现了女子对丈夫的痛恨。

生：（举手）老师，"尔"不是第二人称，用来表示两者间的亲切吗？

师：这个问题问得好。大家找一下诗歌中所有带"尔"的诗句，看一看包含着女子什么样的感情？

生：（同声）"尔卜尔筮，体无咎言""以尔车来，以我贿迁""及尔偕老，老使我怨"。

生："尔卜尔筮，体无咎言"，说明当时算的卦象虽然很吉利，但是他们的婚姻却是如此不幸，所以女子有可能怀疑当时的卦象实际上很不吉利，"体无咎言"根本就是氓瞎编出来骗女子的。现在女子明白了，带着一种讨伐的口气。

生："及尔偕老，老使我怨"说明女子认清氓骗婚的本质后，觉得自己梦想的白头偕老是多么可笑，女子更加生气,以致当时的这种誓言让自己心生怨恨。

师:由此看来,"尔"这个称呼在本诗中是带有怨恨的一种称呼。通过称呼的变化,我们也可以看出女子的情感由一般到爱恋到尊敬到怨恨决绝的变化。

师:我们刚才一直都是在批判男子,把婚姻破裂的原因都归于男子的品性恶劣和社会制度上了。那么女子有没有一定的责任呢?

生:女子太过于委曲求全,一开始就让自己处在了迁就不利的地位。"子无良媒"可以看出他们的婚姻没有媒人,女子答应得太过草率。

师:好。我们再细读四、五两节,看看四、五两节中,女子自陈时都说了什么?

生:说了自己在夫家这些年来受的罪和做的贡献。"三岁食贫"说明女子这些年来毫无怨言地过着苦日子。"女也不爽"说明自己这些年规规矩矩并无过失。"三岁为妇,靡室劳矣。夙兴夜寐,靡有朝矣"说明女子在家勤勤恳恳,任劳任怨。女子做得好,也从侧面说明了对男子的控诉。

师:女子对家庭除了干活,还应该有什么功劳?

生:生孩子。

师:那为什么没提到呢?

生：说明女子嫁到夫家多年，可能并未生下一儿半女，因此被抛弃了。

师：《大戴礼记》和《孔子家语》里都对"七出"有记载，女子不生子嗣可以被抛弃。当然，这样的不公平的条款，本身就是男权社会的产物，是对女子的不公平。

生成感悟

感悟一：生成课堂应该鼓励学生大胆质疑和发出不同声音。当下很多老师上课怕学生提问题，原因有三：第一，感觉节外生枝，完不成教学任务；第二，觉得学生的问题没用；第三，害怕自己解决不了而陷入尴尬。我的驳斥理由也有三：第一，教学任务无所谓有和无，任务是依据学情定的，不是老师单方面说了算的；第二，学生的问题有无价值往往取决于教师的敏锐剖析和挖掘；第三，教师偶尔尴尬，应该庆幸学生有水平，如果经常尴尬则应反思自己是否合格。在上面的课堂实录中，如果没有学生的举手质疑，怎么会有"尔"这个人称的丰富解读。不可因为教师自身原因，就单方面扼杀了课堂的生成。

感悟二：生成课堂的点拨需要老师有深厚的知识功底。我们的很多课堂不精彩，不是学生没想法，而恰恰是我们教师没有想法。如果教师没有相对深厚的专业知识功底，往往会对学生的精彩视而不见，或者没有办法进行精彩点拨，引导学生向文本更深处漫溯。比如课堂实录中，教师从字形角度引导学生对"氓"这个字的本源进行分析。再比如教师对"士"这个称呼的分析，点拨学生思考古代女子对丈夫的称呼，从而巧妙地让学生明白了古代女子地位低下，也就明白了女子被抛弃的根本原因，可以说是提纲挈领、顺藤摸瓜，收到了很好的教学效果。因此课堂要想有生成，很大程度上取决于老师的专业功底。这是课堂生成的前提，这就需要老师课下备足资料、做足功课。

感悟三：课堂生成并不是天马行空地瞎扯，它有界限，要依据于文本来生成。课堂生成本身就是意外之喜，允许弹性的存在，因为一千个读者就有一千个哈姆雷特，但是一千个哈姆雷特也是哈姆雷特而不是其他人。这就需要我们师生共同把握一个原则，即课堂的生成是基于文本的课堂生成，而不是脱离了文本的乱扯。只有界定好了这个度，我们才能提高课堂的效率，才能有切实的教学效果。不论是学生提问题，还是老师引导学生解决问题，首要的原则是从文本出发。比如课堂实录中，教师在引导学生回答"尔"是否在这里表示亲近，老师并没有天马行空地去通过文艺理论来化解危机，而是引导学生读文本，进行文本细读后得出结论。这样的解决方法是有说服力的，对学生解决问题是有指向性的。

感悟四：课堂生成是需要反向思维的。中国人是很注重反向思维的，从《老子》里我们能感受很多，如"天下皆知美之为美，斯恶已"。在教学中我们也要学会从反面出发，运用反向思维，适时地跳出队伍，避免随波逐流。比如在课堂实录中，教师从反向出发，提出一个"婚姻的破裂难道女子就没有一点责任吗"的问题，这就激发了学生探索的兴趣。因为我们一直都在探讨男子的错误，忽略了女子的问题，而教师引导学生反向思考，细读文本，就得出了一个不同寻常的"无子说"的观点，进而更深刻感悟到了女子被抛弃的社会原因。

写在最后

我认为生成课堂是语文课堂的最高追求之一，它关系着学生的诗意成长和思维能力的提升,是训练学生思维能力的重要途径,是对抗师生心灵麻木的重要手段。

在课堂实录中,我们发现了上课时教师以一个大问题贯穿全篇,剥茧抽丝,层层深入,并根据教师的课堂经验和敏锐的洞察力,抓住了学生提出的问题,巧妙地进行点拨指导,让学生进入文本的深处。当然,有的时候学生在老师的问题下会陷入沉思,但不要认为这是坏事,这恰恰是学生开始觉醒的标志。山重水复疑无路,柳暗花明又一村。我们相信在老师点拨的生成中,学生一定会登上更高的山峰,欣赏到更美的风景。

刘士友

黑龙江省伊春市第一中学

云破月来花弄影

——《采薇》课堂生成之美

写在前面的话

生成是万物的萌始阶段，蕴含无穷的力量。

课堂生成是思维的碰撞在开花、在结果，潜藏着巨大能量。

一节好的课堂，要有课堂生成；一节美的课堂，必有课堂生成。

课堂是教育的主阵地。"教育"两字，其中"教"是教师本分，一名教师在课堂上能够做到严谨、求实、负责任地教是教师守住了自己的主战场；而"育"是教师职责，教师的启发、生成、创新，则是教师带领学生在知识的领域不断开疆拓土，丰富认知，提升自我。

文化名人余秋雨先生是这样评价古典诗歌的："在欧洲，作为古代经典最醒目的标志，是一尊尊名扬天下的雕塑和一座座屹立千百年的建筑。中国历史上毁灭性的战乱太多，只有一种难以烧毁的经典保存完好，那就是古代诗文经典。"中国古典诗词充盈着无可比拟的诗意之美。在课堂上，老师讲诗词，应是诗意盈香，余韵悠长；应该处处是恰到好处、锦上添花的课堂生成，给我们带来美的享受，思维的成长……

高山仰止，景行行止，具有生成之美的课堂，才能走向诗和远方！

课堂实录

师：《诗经》是人类文明的春天，是文学天地的源头清水，开阔、丰盈、活泼、生动。从《诗经》中走出的女子袅娜娉婷、绚丽多姿；从《诗经》中走出的男子历经沧桑、豁达坚毅；从《诗经》中流传出的故事缥缈悠长、哀婉凄美……

　　同学们，今天我们就一同走进《诗经》斑斓的画卷，去感受战士们的军旅生活。

　　师：课前已经让同学们预习了课文，现在老师来检测一下预习的效果。哪位同学来给大家读一下大屏幕上的字词？

　　师：好，这名女同学。

　　生：（读课件上的词）

　　师：这名同学的课前作业完成得很好，读得很准。下面给同学们一点时间，结合注释，自由诵读文本。诵读法是学习古诗最基础、最重要的方法，也是最有效的方法。我们要根据情感的变化，读出节奏、语气，从而了解诗中蕴含的情感。《诗经》是四言诗，每句一般要读成"二二"节拍。

　　生：采薇／采薇，薇亦／作止。曰归／曰归，岁亦／莫止。靡室／靡家，玁狁／之故。不遑／启居，玁狁／之故。

　　（学生自由诵读）

　　师：大家的自由诵读很棒，诗歌是一种最古老的文学形式，它用语言在我们的意念中勾勒出一幅幅生动的图画，下面我们就在诵读的基础上疏通诗句，体会情感。

　　师：现在谁来谈一谈这首诗都表达出了什么样的情

感？好，你来答！

生：我认为诗里面有连年在外征战的士兵的一种浓浓的乡愁。

师：好，那你能否谈一谈这种乡愁是从哪里体现出来的呢？

生：是在诗歌的第一节看出来的。

师：何以见得？

生：第一节翻译过来，说的是：又是一年岁末了，薇菜柔嫩的叶子也逐渐变得枯硬，家乡的柳树又长高了吧！战争何时才是个尽头？贪婪的猃狁人何时才肯罢手？我的思念像一盆烈火，烧灼着五脏六腑。柳条新发之时，我能否嗅到故乡的气息呢？

（学生鼓掌）

师：同学们的掌声已经对你诗意的解读表示了高度的认同！你在表达自己感受的时候，连用了三个问句，从而很好地表达出自己的阅读感受。

师：深秋，夕阳如血，一位满面尘土与愁容的士兵坐在军营不远处的旷野中，远眺着故乡的方向，干裂的嘴唇喃喃地唱着故乡的小调，内心涌动着浓浓的乡愁。在第一节展示的画面中，的确弥漫着浓浓的乡愁！

师：还有哪位同学，解读出了别样的情感？好，你来说!

生:还有主人公强烈的自豪感,高昂的斗志,必胜的信念和饱满的爱国热情。

师:你连用四组短句,概括精辟,那具体体现在什么地方呢?

生:"四牡业业""四牡骙骙""四牡翼翼",写出战马的高大强壮,步伐整齐,显示出赫赫军威;"一日三捷",战争的捷报频传,传达出士兵强烈的自豪感,高昂的斗志,必胜的信念和饱满的爱国热情。

师:回答得有理有据!你的概括能力很强!

生:老师,"象弭鱼服"这种精良的武器是农耕文明的骄傲,也体现出油然而生的民族自豪感。

师:嗯,补充得很好!军旗在十月的风中猎猎飘扬,战场上烟尘滚滚,将帅乘着四匹高大雄壮的马驾着的车,昂首而来。士兵们向着军旗的方向,呐喊着,奋勇杀敌!英勇的战马,整齐的军队,精良的武器,无不让猃狁人胆战心惊。敌营人叫马嘶,我们所向披靡!此情此景让我们怎能不生出民族自豪感!

师:现在同学们已经从文本的开头读出了浓浓的乡愁,又从文本中间部分解读出了民族自豪感,那么我猜想,下一位同学的回答应该是从文末入手了吧!

生：老师，那我就来谈谈诗歌的结尾吧！

师：好的，请讲！

生：文章末尾还体现出了回家途中的悲伤。

师：嗯？既然回家了，应该高兴才对啊？怎么会有悲伤？说说看！

生：请看"昔我往矣，杨柳依依"这两句，写出了当年战士离开故乡、杨柳依依的景象。而现在战士踏上归途，只有漫天的飞雪，青春已经不再，年华也已不再。至于回到家，家人还在不在仍是未知！试想，此时的战士风尘满面，又饥又渴，怎能不心生悲伤？

师：这名同学不是直接解读"我心伤悲，莫知我哀"八个字，而是能够做到缘景明情，很了不起！很有鉴赏能力！

师："我心伤悲，莫知我哀"，归来时，还何乐而有呢？那从薇菜初生时节开始的归家向往，那一次次的念叨，每一个朝夕的苦苦盼望，都在这一归途中因为对家人命运和自身前景的担忧而不得不沉重起来！

师：下面同学们再来思考一个问题，同样的话在诗中重复出现，这叫什么手法？

生：重章叠唱。

师：在本文中有这种手法吗？

生：有，前三节！

师：好，同学们请接着思考，本文的三处采薇略有变化，这难道有什么深意吗？

生：老师，我是这样理解的。由"薇亦作止"，薇菜刚刚冒出薇芽，到"薇亦柔止"，薇菜长出柔软的茎叶，到"薇亦刚止"，薇菜长得高大坚硬，"采薇采薇"三次比兴，会让人产生一种时光流逝、戍期漫长、归家无期之悲。

师：嗯，你的理解是这种手法是为情感服务的！

师：《诗经》的形式基本上是四言诗，章法上最具特色的一点是"重章叠咏"。所谓"重章叠咏"，是指一首诗的各章，不仅句数相等，而且语言几乎完全相同，中间只变动几个字，甚至只变动一两个字，它是重复歌咏的一种形式。如前三章的重章叠句中，文字略有变化，以薇的生长过程，衬托离家日久、企盼早归之情，非常生动妥帖。

师：中国是一个诗的国度，唐诗、宋词、元散曲各领风骚数百年，《诗经》《楚辞》影响了一代又一代的华夏子孙。这些诗文是蕴藏在无数中国人心中的雕塑和建筑，而一代接一代传递性的诵读，便是这些经典连绵不绝的长廊。今天作为龙的传人，我们撷起一颗小小薇菜，聆听了先人吟唱，体味东方乡韵！让我们今后继续热爱古典诗歌，并走向诗和远方！

生 成 感 悟

感悟一：教师巧妙的设问催生课堂生成。一个好的设问切入点，会有一生万象的效能。自由诵读后，教师就让学生谈对这首诗情感的认识。这个问题对于高一的学生来说，可能稍有难度。但是教师意在让学生在自主意识下本能地、自觉地去感知诗歌、体悟诗歌，从而让课堂更凸显它的文学性、人文性。这种设问有利于让学生生成家园之思的文化内涵，进一步认识故乡对一个人成长的重要意义，以此滋养自己的精神世界。新课程的教学理念强调教学关系是以平等对话为基础的教与学的关系，这节课的设问都是以学生的学、思为主线在进行，自然会不断催生课堂生成。

感悟二：学生的主动参与丰富课堂生成。主动的学习过程强调学习者必须积极参与并主动构建自己对信息的解释，并从中做出推论。本节课最精彩的课堂生成，应是在师生互动"战士回家,为什么还悲伤?"那个环节。教师让学生在个体生成的基础上畅所欲言,发表见解。这种由教师创设的开放式的情境,是最容易生发精彩课堂生成的土壤。学生们的回答逻辑性强,条厘清晰,语言也形象、生动,富有感染力,展示出了个人风采。这种课堂生成既有深度,又不乏美感,体现出语文课程的人文性。

感悟三:诗意的语言让课堂生成增辉。如果说教师诗化的语言有一部分可以提前预设,而学生诗意的语言绝对来自课堂生成。好课始于境,那么这种境,大部分是用语言营造的。在这节课中,教师通过诗化语言,如"从《诗经》中走出的女子袅娜娉婷、绚丽多姿;从《诗经》中走出的男子历经沧桑、豁达坚毅;从《诗经》中流传出的故事缥缈悠长、哀婉凄美……"给学生营造了学习文本的情境,如"军旗在十月的风中猎猎飘扬,战场上烟尘滚滚,将帅乘着四匹高大雄壮的马驾着的车,昂首而来,士兵们向着军旗的方向,呐喊着,奋勇杀敌!"等语言调动了学生的情绪,让学生与创作者产生情感共鸣,为学生理解文本做了铺垫。

感悟四:综观整个课堂,学生的学习轨迹都是掌控在教师弹性预设的前提下,通过师生互动,师生共同构建了浑然一体的教学生成活动过程。所有的教学任务也基本是在学生读、品、悟、说一系列学习活动中完成的,老师仅起到组织、引领作用。学生们在课堂上,一开始已经对作品、对问题有了较为表层的认知,而后经教师的点拨、追问,精彩的生成不断涌现。这一朵朵思想的火花,如大珠小珠齐落玉盘,发出清脆之音。学生对诗词文本的感悟由此达到了深层次的理解,使课堂因蕴含生成之美而焕发蓬勃的生命力,常青不衰,历久弥新。

写在最后

在春天,生长的不只是田野里的青草,还有我们的思想。学生思想的成长得益于课堂上老师随风潜入夜、润物细无声的积极暗示与引导;教师思想的成长得益于课堂生成迸发出的一朵朵思维、智慧的火花。

一名合格的教师,一定会在课堂中沿循知识的脉络,环环相扣地预设课堂生成,让学生在学到知识的同时,不断与生成相逢,获得深度思考,获得有益启示。一节没有生成的课堂,过于刻板,更有甚者流于死板,不仅会限制学生思维的发展，还会剥夺学生想象的权利，这样的课堂千篇一律，毫无美感。

　　课堂生成是一节课的灵魂。生成的美，使课堂呈现出有节奏、有韵律的跃动；生成的美，使师生均能获得源自智慧的成就感，源自审美的愉悦感。好的课堂生成带给学生的感受，应该是汪国真笔下的"我原想沐浴一缕春风，你却给了我整个春天"。这样的课堂，听来如沐春风，品来畅快惬意。

　　课堂上，师是云，文是月，生是花，生成是影。云破月来花弄影，生成之美，吾与子之所共适！

曹　彦
黑龙江省绥芬河市高级中学

当生成邂逅预设

——《定风波》课堂生成之思

写在前面的话

苏霍姆林斯基曾说:"教育是师生之间心灵与心灵的对话。"在语文教学中,达成教学目标往往预示着心灵沟通的实现。而达成目标的过程中,预设与生成是不可分离的,预设往往是课程最初的构想,不可缺少。但是,在课堂中,生成能使课堂在预定的模式内获得突破与新奇的感受,获得真正的愉悦与满足。作为教师,睿智地将这两者结合,使生成邂逅预设,那么语文的课堂将会呈现出美丽的意外。

课堂实录

师：全词中哪个字最能体现作者的思想感情？为什么？小组合作交流赏析所选的字。

小组1：我们组选的是"一蓑烟雨任平生"中的"任"字。因为"任"字表现出作者仅身披蓑衣，但面对风吹雨打却淡然处之的态度。这里的风雨，不仅指自然界的风雨，更指作者遇到的人生挫折。他在磨难中依旧有一种洒脱、旷达的心态。

师：结合作者的人生经历进行理解，不错。那么面对这样的情况，诗人前行时的心态又如何呢？

小组2：我们组认为"竹杖芒鞋轻胜马"中的"轻"字更能体现作者此时的心态。作者拄着竹杖，穿着草鞋走路，与骑马比起来是十分艰难的，更何况作者又是在雨天的泥泞地上走。可是此时作者提出"竹杖芒鞋"比骑马轻快得多！这样的描述背后，是诗人乐观心态的一种体现。简单的穿着并没有什么不好，只要以之为乐，那么便可在这样的环境中轻快前行。

师：从文本中发现诗人目前的乐观心态，很好。诗词中是否有揭示诗人心境的句子呢？

小组3："也无风雨也无晴"中的"无"字可以看出诗人此时的旷达。当时作者经历"乌台诗案"被贬黄州，在人生的危难之处，面对宦海沉浮，这样的风雨不可谓不大。但作者简单的几笔无雨无晴，不管外界是好是坏，全不在意，体现了自己以超然的心境在面对人生的一切。

师：很聪明，懂得联系诗人生平，体会诗人心境。其他小组有没有不同的想法？

小组4：我们组选的是"归去"中的"归"字。苏轼受到儒释道三家思想的影响，儒家思想在其仕途顺利时起主要作用，而道家的隐居避世思想在苏轼受到挫折时就起到了重要作用，让他远离了官场。

师：能发现作者做出选择的思想根源，很了不起。那么，作者面对风雨，行动上又是如何做的呢？

小组5："山头斜照却相迎"中的"迎"字，最能体现作者面对风雨时迎难而上的果敢。

师：面对遭逢的一切，作者思想上有怎样的变化呢？

小组6："料峭春风吹酒醒"中的"醒"字让我们看到了作者遭受挫折后幡然醒悟，获得了内心的安然与解脱。

师：大家能联系作者的生平、遭遇、思想和词的背景进行探讨，做到知人论世，说得都很有道理。在这些字当中哪个字最能表达作者的真切感受呢？

师：每个人的经历不同，进而理解也各不相同，所以"横看成岭侧成峰"，但不要忘记，文本才是水之源，木之本。下面我们大家一起来看原文，探究作者最终想干什么？

生：（齐答）归去。

师："竹杖芒鞋"是一个怎样的形象？

生：是一个"隐者"的形象。

师：作者用了一个什么词来表明自己的态度？

生：用了"胜"字。

师：作者为什么能"一蓑烟雨任平生"？

生：可能是作者一心渴望退隐、归去，所以不怕任何风雨，也不在乎风雨袭来，阴晴多变。

师：作者为什么能在风雨后觉得"山头斜照却相迎"？

生：因为作者有退隐之心，宠辱不惊。

师：作者"醒"后的结果是什么？

生：（齐答）归去。

师：那么，哪个字最能表达作者的真切感受呢？

生：（齐答）归！

师：其实刚才各小组选的字都在一定程度上表达了作者的情感，只是相比较而言"归"字从行动和心理上更能体现作者真正的追求。

师：到这里，老师有一个疑问了，作者决定归去，他的归与庄子的"归"是否一致？

生1：他的归与庄子的归一致。都有一种看淡人生、不计得失的态度，认为处于江湖之远，不问朝廷纷争，洒脱自然，是人生的终极追求。

生2：我觉得二者的归是不一致的。庄子是一种真正的归隐，不问世事，而苏轼其实有个人内心的矛盾在其中。遭遇挫折，苏轼选择离开官场，内心有一定的放弃，但当时机恰当，他内心又会涌现出要有一番作为的思想。因此他目前的归，是归于内心的宁静，并非完全出世之选。

师：两位同学都有各自的思考，很好。但从诗人接受的儒释道思想来看，加上诗人做出的人生选择，我们不难看出作者此时并非在行动上完全脱离官场，他最终归向的是心灵的宁静。我们还可以从苏轼的哪些诗句中看出他想要归于心灵的宁静呢？请每个小组选出苏轼的一句诗词并作简要分析。（幻灯片展示问题）

小组1：我们组选的是苏轼的另一首《定风波》中

的"试问岭南应不好？却道：此心安处是吾乡"。由此可以看出，这里的"乡"，就是指作者内心的宁静。

师：找得很不错。这样的句子再一次证明了作者心之所向的宁静。还有其他的诗句吗？

小组2：我们组选的是《和子由渑池怀旧》中的"人生到处知何似？应似飞鸿踏雪泥"。人生如飞鸿踏雪，世事难以预料，不必在意，也不必因此而有情绪的变化。内心的宁静就是在化解着人生的悲喜，感悟着人生的哲理。

师：苏轼的人生态度，在这样的诗句中，让我们再一次有了深切的感悟。将功名看淡，将悲喜看轻，这是获得解脱的根源。还有哪些有意思的诗句呢？

小组3：我们组选的是《六月二十日夜渡海》中的"九死南荒吾不恨，兹游奇绝冠平生"。九死不恨，让我们更能体悟到作者正因归于内心的平静才能做出如此的选择。

小组4：我们组选的是《自提金山画像》中的"问汝平生功业，黄州惠州儋州"。正因为他看淡人生挫折，才能苦中作乐。

师：同学们都能结合诗句来分析作者的情感，都分析得很好。苏轼将盛衰看透，将人生看清，所以通达。

学习了苏轼的《定风波》,请你写出一句最想对苏轼说的话,可以评价他的人或他的词,可以表达你对他的情感,也可以谈他对你的影响。(幻灯片展示问题)

(学生用3分钟写,老师巡视)

师:请同学们把自己写的句子在组内交流,每组选最好的一句在全班交流。

小组1:黄州的经历成就了他,他也成就了黄州,在这样的人生坎坷中何尝不是一种历练与提升?敬佩他看透世事的智慧。

小组2:喜欢苏东坡,喜欢他的洒脱,喜欢他的淡然,喜欢他面对挫折的那份勇气。

小组3:我们懂你的苦,懂你的痛,懂你的不易,懂你的无可奈何。

小组4:你的旷达会为我们在失意时指引方向,你的突围将带给我们无穷的力量。

小组5:还记得你的东坡肉,还记得你的盖世才华,还记得你的幽默儒雅,这一切都将给我们带来一生的影响。

小组6:多希望你能在面对人生的风雨时,大声地哭,大声地喊,奋力地发泄,排解这样的苦闷,不要自己默默消化,让关心你的我们心疼!

师:真可谓"一千个读者就有一千个哈姆雷特"。

人生是复杂和多元的。在人生的穿林打叶声中，你到底选择一种什么样的态度，是你自己的事。苏轼的人生态度，或许可以作为你人生的一个参考：一方面积极寻求人生的价值所在，另一方面在经历了许多年的坎坷曲折却无能无力时，用佛家的思想作为安慰，来调和内心的不平与孤愤，获得内心的解脱，同时也不迷失自我。

生成感悟

感悟一：巧妙提问，做课堂教学的有心人。在这堂课上，教师首先提出问题：全词的情感集中在哪一个字上？正是问题设定得巧妙，才有利于学生的思考与生成。让学生小组合作，给学生足够的空间，让学生能够自由地表达个人的见解。但同时在这样的过程中不是天马行空，妄意而为，而是有理有据，以文本为依据，进入文本作深层解读，了解文本的深层内涵。最终根据诗文中的"归"字，知晓作者心之所向——"归"去。

感悟二：关注学生合作能力与质量，迁移运用，得以生成。由一"归"字入手，各小组从自己所找的诗句中赏析诗人情感，发表个人见解。这样的课堂，不再单纯由老师进行预设完成，而是由学生进行合作讨论，共同实现目标。由一首诗歌的解读，迁移上升到对作者情感的理解，并由此应用到他们自己找到的类似的诗歌中。这样的生成，达到了举一反三、触类旁通的目的，值得学习。

感悟三：关注学生的表达，以学促教，实现生成。结尾学生的表现是一种精彩的生成，从这样的生成中可以看到学生对于诗人选择的理解与钦佩，对于诗人遭遇的愤慨与同情。教师在这样的过程中作为倾听者，"此时无声胜有声"，鼓励学生说出他们的见解，这样的生成，难能可贵。进而学生促进教师的生成，能对苏轼做出如此选择的儒释道思想进行一定的解读，师生的共同生成，如行云流水，自然流畅，读之欣然。

感悟四：从整节课的赏析过程中，我们会发现，教师在重点解决一个问题：作者的思想情感。在解读的过程中，教师主要设置了三个问题，明确作者内心所想——归去，进而深入苏轼归去的现今价值，让学生在学习后能在思想上有所触动。在这样的过程中，教师底蕴深厚，知识丰富，化有形于无形，让学生大胆地讨论，自由地生成。看似无章无法，实则总能在最后给予点拨。结尾教师与学生切入文本的灵魂，对诗歌有了更深的感悟。

师生共同生成与成长,从这堂课中长久受益。

感悟五:在这样的生成中,我们不难看出,生成与预设是相辅相成的,生成并非完全抛弃预设而存在,预设的问题,资料的准备,都有利于课堂的生成,迸发思想的火花。在这一过程中,同时需要教师个人的恰当的倾听、引导,并非一味地跟着学生走。在整个教学过程中,我们不难看出教师在这方面的智慧。

写在最后

课堂的生成,不能抛弃预设而独立存在,在课堂的教学中,需要预设,这有利于教学过程中方向的引导。明确方向后的生成才是有理有据,不是随意而为,这样的生成也更加易于让人接受,使人欣然往之。如此,才能像探宝一般,穿越重重障碍,获得珍器重宝。

在生成的过程中,教师需要提高个人的知识水平和对教学环节的掌控能力,做到收放自如。教师巧妙的设问,有利于打开学生的思维,进行多维的思考;课堂中师生的互动与碰撞,有利于形成更新的想法、思路。教师适当的倾听,能够化有形为无形,潜移默化地影响学生，并促进课堂的生成，实现学生能力提升的目标。

　　课堂是一种体验。单纯预设的课堂会让人觉得乏味，有种设了坑，诱使人跳入的感觉，最终目的达成，却有种上当之感。而生成性的课堂，会带给人不同的体验，其中充满的未知，给教师和学生以享受。一同寻找、识别，获得问题的答案，学生思维得到了锻炼，内心获得了满足，进一步提高了思维品质。

曹慧敏

内蒙古自治区包头市北重三中

反复品味，生成体悟之美

——《将进酒》的观摩之思

写在前面的话

2017年的夏季，我有幸在河北省徐水县聆听全国名师——程翔老师的讲座，第一次听他分享关于阅读教学的心得——文章切忌悖体阅读，这深深震撼到我。或许悖体阅读就是违背、脱离文章体裁特点的偏颇式的教学。当然，悖体式的教学现象仍然存在于当下很多一线教师的课堂中。面对不同体裁的文章，有些人往往选择固定的教学方法，如散文、说明文均采用检索式的阅读方式等。这不禁使人思考,语文教师要在解析文本时避免悖体阅读,小说、散文、诗歌、应用文等都要符合文章体裁特点,不同体裁的教学应有属于其独特的教学方法,做到因体制宜,有侧重,有突出。

"诗者,志之所之也。在心为志,发言为诗。"诗歌是"一切艺术中最崇高、最完美的艺术形式",是高度凝练的语言艺术。面对诗歌,人们常常叹之、咏之、足之、蹈之,感受着诗歌中那份无言的情感。观看10多年前程老师经典的教学视频,感慨良多,亦觉吟诵在诗歌教学中的不可或缺。吟诵这一方法可以带领学生进入瑰丽的诗歌世界,生成别样的思考。如果教师在课后反思时,能惊觉自己确实上了一节语文课才是真正的好。

课堂实录

师:为什么要同学们商量一下呢?这首诗是一首叙事诗还是抒情诗?

生:抒情诗。

师:对,尤其李白的抒情诗是豪放、飘逸的,这是李白诗的特点,因此你在朗诵这首诗时要把这种感情表达出来。先请这位女同学把这首诗读一遍,我觉得不能叫朗读,应该叫什么?

生:吟诵。

师:对,很好,叫吟诵,知道这个词吗?请这位同学吟诵一遍。

(生读)

师:好,请坐。这位同学吟诵的声音还是挺好听的,吐字比较清晰,咱们哪位同学主动来试一试?这位同学。

生:(读)

师:请坐,读得也不错。请同学们思考一个问题,李白是在什么样的情景下写这首诗的?想一想,咱们请一位同学发挥想象,来叙述当时的情景,好不好?你来说。

生:那个时候李白在官场上应该不得志,得不到朝廷的重用,没有人去赏识他。然后他是相当的清高,也有相当高洁的人品,不愿与世俗同流合污,然后就写下了这篇文章。

师:你说的是当时一个大的背景,讲得挺好的,同学们能不能把这个镜头再缩小一下,让它聚焦到李白和他的几个朋友当时在干什么?想象这个情景。哪位同学来说?好,这位同学,你来说。

生:可以想象,当时李白和他的两个好友在一起喝酒，话语间就谈到了官场的事情。

师：李白说什么了？

生：李白说官场上是比较黑暗的，然后李白跟他们说，人应该豪放一些，不应该被世俗所束缚，应该活出自己的人生。

师：好。

生：李白非常地激昂，心情非常激动，结果就写下了这么一首诗篇。

师：好，很好，还有没有要补充的，哪位同学要补充呢？刚才读这首诗时，你感受到一点醉意来没有啊？感觉出来没有？大家知道，武术里面有醉拳，是不是啊？谁打醉拳打得好，知道吗？武松啊，对不对？武松舞醉拳打谁呢？打老虎？打蒋门神？那打得轰轰烈烈啊！同学们注意了，读李白这首诗要读出一点酒味来，要带着点儿醉意来朗诵这首诗，那才是有点味道的。我看见后面那位同学一个劲地点头，好像老师还是说得可以的，是不是？请你说一说。

生：李白是官场不得志，然后呢，与几位好友把酒痛饮。酒劲正浓、稍有醉意的时候，李白是借酒消愁，诗意大发，然后就才思如泉，如妙笔生花，写下了《将进酒》，成为万古不朽的名作。

师：好，这是出口成章啊。不得了啊！那就请你吟诵一遍。

生：（吟诵）

师：好不好啊？（鼓掌）同学们，李白的诗，确实是激动人心的，尤其是他这种抒情诗。我们在吟诵的时候呢，就要做一点技术上的处理，比如哪一个字我要重读。刚才那位同学有几个字就重读，很好。再就是节奏要注意，有些地方，可以把它排得密一点，像是机关枪一样把它打出去，有时要慢一点，有时要高亢，有时要低沉，使整个吟诵赋予感情的起伏变化。再来试一遍。请举手，哪位同学试一下，哪怕就第一小段也可以啊！这位同学，好，来，你来试一下。

生：（吟诵）

师：好好，请坐，我觉得这位同学是用心在读，声音可以再大一些，再放开一些，好吧。

师：我点的这位同学读，对，请你来朗读一遍。

生：（读"黄河之水天上来"）

师：停，君不见黄河之水天上来，这是地上来了，是不是？示范（高亢），这才是从天上来啊，你说对不对？不能把天读成地，是不是？好，接着来。

生：（继续读）

师:"君不见黄河之水天上来",读得很好,真的上了天了。但是他说的这句话,你看着我,(**指着刚才那个同学**)他说的这句话不是目的,他的目的是在第二句话,"君不见高堂明镜悲白发,……"(**示范**)这就有点味道了,对不对?请坐。吟诵是要以生命投入的,同学们,用自己的生命投入的,要把李白的诗变成你自己的语言,似乎李白就是你,你就是李白,你面对那些权贵们,你要发出"天生我材必有用""千金散尽还复来"。(**示范**)(**掌声**)这样就有气魄啊!

师:同学们,这首诗确实很有感情。

师:这个欢乐,不是发自内心深处的,再往后发展,大家看,这感情的发展阶段又到了什么呢?谁来说一下。好,你说。

生:我觉得应该是醉。

师:啊,是醉,好,你读一读。你说为什么是醉?

生:因为他下面说的是"会须一饮三百杯",再往后有"将进酒,杯莫停",特别还有一句是"但愿长醉不复醒"。

师:嗯,好,我觉得这个字抓得很好。李白在这个地方,好像是处于一种醉意中,也有些学者研究李白的诗歌,说李白的诗歌就是透着一种醉意,读他的诗要有种醉味来读，我觉得这确实是抓住了李白的一部分诗歌的特点。那么再往后发展，看下一段，李白感觉到了什么呢？他认为，人活在世上，什么东西是不足贵的？你来说说。什么东西不足贵？

生：富贵豪华的生活。

师：富贵豪华的生活，指代什么呢？

生：官场，做官。

师：做官，还有什么呢？

生：还有就是权贵一样的生活。

师：权贵、地位、金钱。对吧？这些东西，好，你请坐。作者认为人活在世上这些东西不足贵，这是说了一个，另外，他还说了另外一种人，这种人，在李白看来，好像也不值得去效仿。什么人？你来说。

生：嗯，就是那种追求权贵而趋炎附势的人。

生 成 感 悟

感悟一：课堂生成之吟诵，需教师专业指导。吟诵是学生通过声音理解情感的有效媒介，好的诗歌吟诵，需要教师深入文本，因文求声。因学生水平有限，用吟诵这一方式准确表达诗歌的情感，就需要教师进行有效的指导。《将进酒》为抒情诗，吟诵该诗的感情基调就变得不同，教师在学生吟诵的过程中，不断对何时紧凑、何时舒缓、何时高亢、何时低沉、何处重读等技巧进行点拨，使学生每次吟诵都有了质的飞跃，我想这离不开教师对《将进酒》透彻的理解以及他对吟诵这一技能的高水平掌握。教学中要想指导到位，让学生有所得，需要教师有扎实厚重的专业能力。

感悟二：课堂生成之物象定位，引发想象与联想。爱因斯坦说：“想象力比知识更重要，因为知识是有限的，而想象力概括着世界上的一切，推动着进步，并且是知识进化的源泉。”在课堂教学中，学生想象不出文章中的人物形象、景物、场面，就难以深刻地理解教材，也就无法用声音描绘感情。在该教学课堂实录中，学生定位李白几人饮酒的场面（金樽、烹羊、宰牛、三百杯等），结合李白的性格特点及时代背景，联想出李白等人对酒当歌、诗性狂舒，洒脱豪情的一面，这是弥足珍贵的。此外教师定位物象"酒"，使学生联想到醉酒的状态，醉酒的诗意，并从整体上感知《将进酒》。请求喝酒的别样思绪，种种物象的具体分析定位，扩大了学生的想象、联想面，从而吟诵出"君不见黄河之水天上来""千金散尽还复来"等诗句的高亢、豁达、澄明的气势、气魄。就像程翔老师说："要把李白的诗变成你自己的语言，似乎李白就是你，你就是李白。"我想这是一种"披文入情""披文入境"的能力，是学生学习的升华，对诗歌理解的升华。

感悟三：课堂生成之关注学生体验。"诗人对宇宙人生，须入乎其内，又须出乎其外。入乎其内，故能写之。出乎其外，故能观之。"无论是入还是出，都需要学生对文本的体验。但现今教学课堂中很多时候都是"静悄悄"的状态，学生的参与度不高，课堂气氛沉闷，学习激情不足，这成了很多教师头疼的现象。在程翔老师的教学中，这些状况并不存在。学生积极跟随教师的引导，并且快速做出准确的回应。教师能够时刻就学生的问题进行追问，向问题的更深处漫溯，例如教师就学生"富贵豪华的生活"的回答进行层层追问，直到学生回答道"追求权贵而趋炎附势的人"。这种由"什么东西不足贵"引出，以学生回答的不以"追求权贵而趋炎附势"为贵为终结，我想这个过程的体验，是学生生成的理解的体验，也是教师与学生的相互成长。

写在最后

　　诗歌教学更多地在于学习诗歌的审美鉴赏知识，提高学生的审美鉴赏能力，读懂诗歌中的情感。诗歌有着声音的魅力，其节奏、韵律、语气、语调不可分割。既要整体感知，也要具体分析；既要粗读，也要细细吟诵。要体悟出诗的情、诗的味，体悟出那份独特的意境。

　　课堂的生成意识是教学意识的一种转变，是从以教师预设为主，到以学生主体为主、以学生的思考进展为主的转变。构建以学生为主体的教学意识，关注学生的实践表现，这符合培养学生的语文学科核心素养的理念。正所谓"授之以鱼，不如授之以渔"。把话语权交给学生，教师只做适当的辅助，就像程翔老师所说的，教师更多的是在隐藏自己。学生在学习中能发现学习的快乐，乐于学习，教学也就成功了。语文教学培养的不仅仅是当下社会需要的人，更要培养未来社会所需要的会生活、会学习的人。我想这值得每一位语文教师为之努力。

张　微
牡丹江师范学院

激起万般思绪,荡开一片涟漪

——《水调歌头》教学生成之思

写在前面的话

教书已经有二十个年头,时间确实长久,却仍觉新鲜。教室门进出了无数次,看似平常,却对它有种敬畏之感。走近它,时而轻松愉悦,时而踌躇担忧。前一种,有着欢欣与期待,那是因为感觉这一节课将会非常亮堂,学生们会因在我带领下的游阅与收获而欢雀、满足,整个过程将如品尝陈年老酒,会有它的醇厚;后一种情况,总是感觉课备得单薄,没有一个很好的切入点,深怕在这个课堂上会看到学生们木然的表情,深怕看到他们茫然的目光。而每当下课铃响起的时候,也会有两种不同的画面:一是与意犹未尽的学生们谈笑着走走停停,满心欢喜地离开;一是自己低头收拾着东西,强笑着回答学生们的提问后默默地离开。不难想象,前者是因为在这一节课中,我就像是拿着一根魔杖,点亮了一盏盏的心灯;而后者,则是起而不发,推而不动,感觉学生白跟了我40分钟。

之所以会有这样的心理历程,是因为我深知一个语文教师应该在课堂唤醒、装扮、美化孩子们的心灵。每一节课都应该让学生们有能力、精神层面的生成。

课堂实录

师:经过对上阕内容的分析,大家可否做个总结?

生:就是写苏轼在中秋喝醉酒后,处于回不回天上的矛盾中,最后决定留在人间。

(全班笑)

师:笑什么?

生:太简单了吧?应该隐含点什么哲理吧?

生：对呀，比如那天上宫阙，应该象征点什么吧。

生：看背景。

（全班笑，忙翻课本注解）

师：很好，同学们。大家已经懂得深读诗词。由于诗词离我们久远，并且又比较隐晦，所以，要读懂它很有必要结合写作背景。其实，这首词的序中就已经交代了背景。而也许正是这序，让大家读这首词时，似乎都把重点放在了下阕，认为它是思亲之作。

生：但是，老师，序里是说"兼怀子由"，里面的"兼"字，它表明怀子由不是此词最主要的目的，它只是兼顾的。

师：好，你的眼睛雪亮，脑子也灵光。我们来看看怀子由之外的是什么。大家是否还记得李清照在《渔家傲》中为何"归帝所"吗？

生：那是因为李清照南渡以来，一直漂泊天涯，备受排挤与打击，尝尽了人间的白眼，她在幻想美好的前途，所以想回到天上去。

师：就此，对大家理解苏轼的这首词是否有帮助？

生：苏轼被贬。

生：对，《记承天寺夜游》里说过。

（学生们纷纷点头称是）

师：同学们，苏轼第一次被贬是 1080 年 2 月，谪居黄州。《记承天寺夜游》写于 1083 年，当然是被贬之时所作。而这首词是写于 1075 年，显然并非于被贬之时。其实，当时王安石进行变法，苏轼上书谈论新法的弊病。王安石颇感愤怒，于是让御史谢景在神宗面前陈说苏轼的过失。苏轼于是请求出京任职，先是杭州，再是密州，然后是湖州。

生：原来不是被贬，是自贬。

（全班笑）

师：精辟！为了避开政治纷争，他自请外调。好，在这个背景之下，大家对这首词有何见解？

生：这样，我们就可以大做文章了。他要留下的人间应该就是他现在所任职的密州了。

生：按你这么说，那天上的宫阙就是朝廷了。

生：不可能，他不愿意参与政治纷争，他又怎么可能要回去呢？

生：所以他才说"高处不胜寒"，所以他才说"何似在人间"呀。

生：可是我不明白，他干嘛要回去呢？那里有那么多的流言诽谤。

（学生们面面相觑，一同望向老师）

师：他想不想回去，在这首词里苏轼没有明确表态。我们来看看同是在密州写的《密州出猎》，"持节云中，何日遣冯唐？"他借用典故，以魏尚自比，希望能够承担卫国守边的重任。他还写道"会挽雕弓如满月，西北望，射天狼"。抒发杀敌报国的豪情。

生：由此可见，他是希望重返朝廷的。

生：他希望能回朝廷做一番事业，所以"欲乘风归去"。

生：但是又受不了政治斗争。

师：是的，政治上的钩心斗角、权谋巧诈与他的品格格格不入，但他又是极度关心国家命运的人。林语堂写道："他在酒席上喧哗、愉快、嬉笑的外表中隐藏着不安、沮丧、悲哀，甚至还有恐惧。没有人比苏东坡更充分表达民间的疾苦，……苏东坡离开京城来到这儿，心里带着创痛。他对政事的发展趋势暗感恐惧和悲哀，他的伤痛比别人更深。"

生：老师，经你这么一说，我就感觉到了苏轼在字里行间所隐藏的情思了。比如那"起舞弄清影"中的"清"字，感觉它就代表苏轼的内心。

生：对，清流。

（学生们笑）

生：对，就是纯洁。他不是不想参与政治斗争吗，所以他到地方上来就能躲开政治斗争，过自己想要的清净日子。

生：但是他又是很想回去朝廷的，前面不是说了嘛，他是带着伤痛来到地方。他对现在的朝廷应该是又爱又恨，甚至可以说是爱之越深恨之越切。

师：嗯，你似乎已经走进了词人的心里。是的，他终其一生都保持一颗无邪的赤子之心，所以之后只要朝廷一召唤，他就立刻回京。

生：老师，这么一说，那他所用的"琼楼玉宇"是不是也是有特指呢？他用这个词来描写天上的宫殿，其实也就是朝廷，是不是也是与"清"成对比？那美玉砌成的楼宇却沾染着污浊，而自己在民间，接近人民更显清纯。

师：正是有这种感觉，才会有"何似在人间"之感叹，是吧？

生：那是不是也可以说下阕中的"转朱阁，低绮户"中的"朱"和"绮"也有说法呢？不是有"朱门酒肉臭"之说吗？

师：你的情绪已经很浓。王国维说"以我观物，一切皆着我之色彩"。到下阕时，苏轼是带有对月的埋怨的，所以这月从"朱阁""绮户"而来，与苏轼似有着距离，在不同的境地，所以不能理解，对吧？

生：这样看来，下阕也不只是写对弟弟子由的思念。"何事长向别时圆"这个别，是否也可以理解为与朝廷的离别？那可是他实现政治抱负的地方。

师：很好，看来这词中的字眼都在大家的眼前活起来了。

生：也就是说"人有悲欢离合，月有阴晴圆缺，此事古难全"也不只是人的离合，应该也有与理想的距离，而此事应该也是指人生中一切事情了，也就是说所有事情都不可能是完美的。

师：这样一来意境就开阔了，内涵就更丰富了，而文章的主题也就更鲜明了。作者经过这一系列的心理历程，他最终是豁达了：世上的事情总是不能完美，但也总是要接受。释然的苏轼，心胸也更开阔了，于是推己及人，发出了千古不朽的祝愿——

生：（齐声）但愿人长久，千里共婵娟！

师：根据前面的分析，这婵娟也就不只是月亮了，应该还包括作者的理想和抱负。好，现在我们回到序里来。序里作者说是"兼怀子由"，这个"兼"的切合点在哪里？也就是说它们有着怎样的共同点？一个面对的是国家，一个面对的是兄弟，两者是如何联系起来放在同一首词里而不觉违和的?

生:通过月亮联系起来,两件事都跟月亮有关。

师:怎么个有关法,用到了月亮的同一个特点吗?

生:不是的,通过月亮的冷而想到"高处不胜寒";通过月亮的圆,而想到与弟弟的不圆——分离。

师:你简直就是明察秋毫呀,洞察力非常强,表达也简洁有力。对,这是一个很好的切合点。看看,这两个事还有什么共同点吗?

(学生沉默)

生:(幽幽地)上阕所写是想回朝廷却回不去。

生:(激动地)下阕是想见弟弟却见不到。

生:欲归不得归!

生:想见不能见!

(全班掌声雷动)

师:但是,月亮给了词人人生的启迪——

生:人有悲欢离合,月有阴晴圆缺,此事古难全。

师:于是,词人就有了极度的豁达,给了世人最美的祝愿——

生:但愿人长久,长里共婵娟!

生成感悟

感悟一：就如花草的生长需要肥沃的泥土一样，课堂上学生对文本认识感悟的生成也需要环境，特别是古诗词。诗词的表达都是较为隐晦的，要想与作者有更为清晰的交谈，必须用诗词背后更多的内容来补充，这就需要更多的外延。在课堂实录中，用由上学期所学同时代的著名词人李清照的《渔家傲》中对"归帝所"所作的分析，让学生们自己去领悟到此词中"欲乘风归去"中"归去"所隐含的对现实的不满；用苏轼自己的《密州出猎》中的"持节云中，何日遣冯唐？""会挽雕弓如满月，西北望，射天狼"让学生得到触发，进而分析到苏轼想返朝廷的思想；用林语堂所描述的苏轼在酒席上嬉笑的外表中隐藏着沮丧、悲哀，让学生去感悟苏轼内心的纯净与矛盾，最后理解到词人面对现实的豁达与释然。就这样，利用充分而有效的外延知识，让学生汲取足够的养分去让思想开花结果。这样的课堂才能达到有血肉的生成，生成充实、丰满的能力和思想。

感悟二：苏霍姆林斯基说，"一个优秀的教师，他在课堂上所关注的不是自己的教学计划，而是学生的思维。"在课堂上，只有打开学生的思维，让学生们自然地、自由地表述自己的思想，才能有真正意义上的课堂生成。在课堂实录中，当学生概括了词上阕的内容，同学们发出了笑声，师生间以"笑什么？""太简单了吧？""应该隐含点什么哲理吧？""对呀，比如那天上宫阙，应该象征点什么吧？"这样拉家常的方式展开了对词的思想感情的探讨。很显然，这种轻松愉悦氛围的创设，有利于学生们思维的自由散发，也有利于课堂的生成。

在课堂中，学生们之所以能有那么多的引发，有那么多的"这么看来"，有那么多的"是不是也可以"，还有那么多的达成共识、心领神会的笑声，就是因为学生们的精神是放松的，思维的发散是充分的，同时与执教者在整个过程中给予学生们的肯定、鼓励也是分不开的。"好，你的眼睛雪亮，脑子也灵光。""你简直就是明察秋毫呀，洞察力非常强，表达也简洁有力。""你的情绪已经很浓。"这些充满个性的肯定语言，自然让学生们更感觉自己受到肯定的真实感，自然就能更好地触发思维，有更多的收获。应该说这一节课中，学生们的思想涟漪是越荡越宽广，最后的生成是水到渠成的。

写在最后

有人说做老师千万不要做语文老师，因为语文老师太苦。而我却很庆幸我是语文老师。我觉得语文课堂是所有科目的课堂中最宽最广，也是最美丽的、最让人陶醉的课堂。

有时，教师在备课时会把文本读得很深，自己激动得不行，然而到了课堂却不能撩拨起学生的半点情绪，却是为何？我认为，如何引导，让学生的思维转起来，让学生说起来是非常重要的。语文课，应该让学生们通过对文字的品读而生成妙曼的语言；应该通过与作者的思想沟通而生成对生活的感悟；应该通过共同的探讨而提高思想的境界。这一切，都需要师生们一起走进文中，开拓思维。教师应该如一个育苗者，小心地呵护孩子们思想的萌芽，给它环境，让它发育、成长、成形。

放开、展开，让思绪如涟漪般荡开。

刘银星

广州市番禺区南村中学

文言文篇

巧问探幽

——《赤壁赋》课堂生成之思

写在前面的话

叶澜教授说,课堂应是向未知方向挺进的旅程,随时都有可能发现意外的通道和美丽的图景,而不是一切都必须遵循固定线路而没有激情的行程。

未知是神秘而令人向往的,人类在无数探求未知的的进程中迸发出令人炫目的思想光华、智慧火花,成长为今天的万物之灵。语文作为文化与文明的载体,蕴含的神秘与未知足以令人代代相传,辈辈相惜,人人相顾。

而它所承载的历史与文化、所承担的交际与运用，决定了小小的语文课堂容天光万物、载千古沉浮，更决定了短短几十分钟的语文课堂教学的灵动、灵活与灵性。

完全按预设上课，完成教学预设就是成功的教学评价时代已经一去不复返。一堂好的语文课，一堂富有生命力的语文课，就应像一次令人期待的旅游，按照既定的行程，向既定的目标出发，饱赏了传说中的名山胜景，却又忽至幽深险远之处，得见奇伟瑰怪之观。

一个或几个好的问题，就是寻幽览胜的方向标，引发学生探寻的热情，促进学生思维的跃动，每一次的生命之叹，都是成长的发声。

课堂实录

师：苏轼在文首"乐而歌"，文末又"喜而醉"，请问这里的乐和喜是否相同？他与陶渊明的田园之适是否一致？

（研讨发言）

生："乐而歌"的乐，只是因景色优美、兴致来临而"暂得于己"，并不是内心的真正快乐。结尾的"喜而醉"才是解开心结而开怀畅饮，内心真正的放松。

师："暂得于己"？说明有烦恼痛苦围绕，内心深处并不快乐，何处可知啊？

生："月出"的诗歌内容，还有他的歌词。"美人"就是理想啊，美人在天一方，就是理想难以实现，壮志难酬。再加上这个写作背景，他这时被贬黄州，一定是很郁闷的。

师：非常好，既知人论世，又细读文本，对人物内心的把握非常准确。

生：我也认为不一样，而且是全都不一样。月夜泛舟，为自然美景而乐，为有朋友相伴而乐。后面的喜，历经仕途坎坷，是对人生的精妙体会，更具有意义和价值，与陶渊明因为远离官场、享受田园的自得其乐不同。

生："乐而歌"的原因，在我看来是沉醉于美景，临清风，望白露，享浩然之景，心乐。而最后"喜而醉"在于看透了人生百态，逝者如斯而未尝往也！我们不能改变过去的事，那就看淡人生，笑对生活。

生：开篇是因为驾舟游玩而内心舒畅轻快，所以开心唱歌，而结尾是因为诗人与客看透了人世的内涵，变得淡泊豁达，因而喜悦饮酒。前者更多的是轻松闲适的快乐，后者则是豁达淡泊的喜悦。

生：苏轼因乌台诗案被贬黄州，官微言轻，公务几无，有闲暇时光与朋友游山玩水，夜游赤壁，把酒言歌，不亦乐乎。山水之乐，美景醉人，这是游玩之乐。可人生短暂无常，江水却无穷无尽，明月大照于江岸，豁达乐观才是诗人的人生。这就是他喜而醉的根源。

生：在我看来，开头的乐是对自然美景的一种由欣赏而产生的快乐，这种快乐源自表面。而结尾的"喜而醉"，是经过中间部分对人生意义、人与自然关系理解后的一种发自内心的释然和解脱。

师：同学们对文本的理解都非常透彻，分析都比较深入。西塞罗说，假如我们把自然看作我们的向导，她是决不会把我们领入歧途的。自然是苏轼摆脱烦恼、获得解脱的良方妙药，他在很多诗词作品中借助自然山水寄托情思。你知道有哪些吗？

生：（异口同声）横看成岭侧成峰，远近高低各不同。不识庐山真面目，只缘身在此山中。

师：（与大家大笑）还是对小学的诗词最熟呀，好，山水启迪思考！继续！

生：明月几时有，把酒问青天，不知天上宫阙，今夕是何年。

（教师示意，学生齐背）

师：以月寄情，表达孤寂思念，要以景说理，在自然当中明悟什么样的道理呢？

生：人有悲欢离合，月有阴晴圆缺，此事古难全。离别是常事，人生有悲就有喜，人的心愿很难真正实现。

生：还有"高处不胜寒"。

师：你还知道哪些诗歌吗？

生：水光潋滟晴方好，山色空蒙雨亦奇。欲把西湖比西子，浓妆淡抹总相宜。

师：《饮湖上初晴后雨》。黄州是苏轼文学创作的高产时期，他一生作词300多首，而在黄州的词作就有近百首，你知道哪首呢？

生：《浣溪沙·游蕲水清泉寺》，山下兰芽短浸溪……

（齐背）

师：休将白发唱黄鸡，这是怎样的一种旷达与豪迈！当然在此期间，最著名的是那首《念奴娇·赤壁怀古》。

（齐背）

生：大江东去，浪淘尽，千古风流人物。……

师：明知黄州赤壁并非真正的古迹，苏轼借此抒发什么情思呢？

生：一时多少豪杰。英雄已经成为历史了。

生：早生华发。青春不再的伤感。

生：人生如梦。

生：一樽还酹江月。还是有在自然美景中看透看淡的豁然。

师：是啊，自然是苏轼疗伤的圣品。他在黄州作的另外一首词《临江仙·夜饮东坡醒复醉》有知道的吗？

生：有。夜饮东坡醒复醉，归来仿佛三更……

（背诵）（掌声）

师：小舟从此逝，江海寄余生。想要忘却世间的蝇营狗苟，在山水自然当中获得余生的平静。这句话让我想起了孔子的一句话，有人知道吗？孔子想要和子路乘舟出海。对，就是那句"道不行，乘桴浮于海"。寄情山水，徜徉山水。如此的苏轼，几个同学却都说，他和陶渊明的乐于山水是不同的，请问到底是否不同呢？

生：我觉得没有什么不同，他们都是由于对现实的不满意，而寄情于山水。

生：是不同的，陶渊明是"性本爱丘山"，是真正地喜欢自然，苏轼是从自然山水中获得安慰。

生：是不一样的，陶渊明厌倦尘世，所以他说"误落尘网中""羁鸟恋旧林"。他喜欢那种"狗吠深巷中，鸡鸣桑树颠"的远离尘世的生活。他是主动离开官场回到田园的。苏轼是被动的，是大自然给他"浩浩乎如凭虚御风""遗世独立"的感受,又给了他纵情享受的启示。虽然都喜欢山水,但是自然是苏轼摆脱烦恼的一种方法。

师:与自然相合,物我合一,正是庄子所说的"逍遥"之意,自我、无功、无名的大自由。陶渊明是认清自我,回归真正的生活。而苏轼是摆正心态,获得心理上的超脱。正是心理上的挣扎,他战胜了苦难,战胜了自我,从此实现了精神上的跨越。余秋雨也在《苏东坡突围》中说:"他成熟了……成熟于一场灾难之后,成熟于灭寂后的再生,成熟于穷乡僻壤,成熟于几乎没有人在他身边的时刻。"之前有同学说他"弃儒求道"获得超脱,请同学们阅读《苏东坡突围》和林语堂的《苏东坡传》,结合相关资料思考:苏子求道,是否弃儒?

生成感悟

感悟一:教师设问的切入点决定了学生所能抵达文本价值的高处。《赤壁赋》一文对苏轼矛盾又多变的内心世界的呈现,是这一课的探究重点。"苏轼在文首'乐而歌',文末又'喜而醉',请问这里的乐和喜是否相同？他与陶渊明的田园之适是否一致？"这个问题直指文本核心价值，避开千篇一律，让学习期待遇挫，却又激发新的期待！小入口的问题，却是大开口的探究，看似明情，实则究理。这样的提问，才促成了活力四射的课堂生成。

感悟二：设问难度与弹性能够体现人文关怀。"乐"与"喜"，近义辨析的方式引起学生兴趣，同时又从起点上降低难度"普度众生"。基础薄弱的学生以既有知识为支撑，素养较高的学生以既有能力为凭借，能温故，能研新，能互补，能促进，让分层次学习获得实现，做到烦琐的问题简单化，深奥的道理浅显化。显然这样的问题设计，让学生有文可思，有话可说，有理可讲，在实践当中确实起到了促思考、易生成的作用。尊重学生的发言权利，也尊重学生的思考权利，是一名语文教师的心胸与情怀。

感悟三：深问与追问使学生思考深入，思路开阔，思维敏捷，让学生言之有物，掷地有声。"豁达论""策略观""主被动说"是不期而遇的精彩，是学生热情激发、思绪激荡的生成。而"暂得于己"的追问与"黄州诗词"的深问，邂逅"美人"与《临江仙·夜饮东坡醒复醉》的背诵，亦是意料之外的喜相逢。

感悟四：善于把握时机，根据课堂生成，调整问题。教师在课堂教学中不能脱离文本与学生而天马行空、我行我素，基于学情与文本的设问才具意义与价值。课堂教学以设疑的方式结束，问题"苏子求道，是否弃儒？"是对前面学生观点"这种弃儒求道，是他对官场失意的一种反应、一种应对策略"的点拨，也是另一种课外生成的开启，这同时又是一种教学生成，是教师课堂生成智慧与教学生成能力的直接体现。

感悟五：优化问题的结构，形成思考的梯度，拓宽思考的广度，加大思考的深度，促进学生思维的发展、思维品质的形成。由文本内"乐"与"喜"的辨析到文本外与陶潜的思辨，递进的问题结构形成了课堂教学的主线。最后又以设问结尾，以课堂内的阅读思考带动课堂外的阅读思考，形成阅读思考的习惯与链条。凤头猪肚的课堂结构，品词，品意象，品意境，品况味，品思想。时代背景、文化蕴藉、情思缘起、学生的思考与联系、理性辨析与感性体悟都在一个个巧妙问题的引领下被一一激活。学生的思维在各抒己见的论辩中成长，这就是生成性的语文课堂，充满生机与活力，充盈着丰厚与灵动。

写在最后

人类的全部尊严在于思想。语文是语言背后的思想和灵魂。语文课堂就是要通过语言实现思想与思想的碰撞，灵魂与灵魂的交流。圣奥古斯丁说："假如每件事情都容易懂得，人类就不会敏锐地去追求智慧，也不会以得到智慧为乐了。"

动态生成的课堂，不是没有预设，而是在巧妙的设问中给学生留出思考的余地、发挥的空间，让学生在这种艺术留白中，获得思想的驰骋、生命的成长、灵魂的生成。而有思维梯度的设问与有深度的追问相结合，会消除畏难，激发思索，让学生的思考替代肤浅的观察与提炼。

精简的问题设计，避开课堂思考的割裂化与碎片化，化繁为简。当教师的智慧转变为高弹性的问题预设、多视角的问题引领、精到的点拨，动态生成的语文课堂就能够探幽境、得胜景，最终可见万顷碧波、无限天光。

当然，深入思考、散发着生命气息的课堂，一定是以学生对文章的细致研读和充分学习为基础、以教师丰厚的自身素养和灵动的教学智慧为支撑的，否则，课堂生成就只是无源之水，仍然只能成为教学的美好愿景。

张　茵

黑龙江省宁安市第一中学

引趣导思,拨云见日

——《逍遥游》的教学生成之思

写在前面的话

布鲁姆说:"人们无法预料教学所产生的成果的全部范围,没有预料不及的成果,教学也就不成为一种艺术了。"课堂是一个由教师、学生、教材组成的动态生成系统。富有生命力的课堂,既要重视预设,更要重视课堂的动态生成,这样我们才能在师生互动、生生互动中碰撞出思想的火花,我们的课堂教学才能充满灵动与智慧。

在日常教学中，我们经常会有这样的困惑：自认为课前预设近乎完美，课上学生却漠然以对，本以为会百花齐放的课堂，却陷入自导自演"独角戏"的尴尬境地。为什么一节课自认为预设得很好，而生成效果却不尽如人意？

是否我们的课前预设为完成教学任务而带有过多的功利性，忽略了学生的学习兴趣？是否我们教师的思想被禁锢在狭小的空间，而限制了学生创新思维的发展？是否我们缺乏足够的勇气，为学生创造一个积极思考、大胆质疑的课堂氛围？

一节精彩的生成性语文课应该是师生双方兴致盎然，穷源溯流，峰回路转后拨云见日，达成心灵的共鸣、灵魂的交汇和智慧的碰撞。兴之所至，手之舞之，足之蹈之，那些美好的"意外"将闪着智慧的光芒而熠熠生辉。

课堂实录

师：文中出现了几次"笑"？分别在哪里？

生：三次，每一段都有一处"笑"。第一段蜩与学鸠笑之，第二段斥鴳笑之，第三段宋荣子犹然笑之。

师：很准确，全文的内容实际上是由三"笑"构成的。笑什么？弄清三个"之"，我们就能知道笑的对象了，下面就请大家解读三个"之"。

生：前两个"之"所指对象都是鲲鹏，第三个"之"指的是"知效一官，行比一乡，德合一君，而征一国者"。

师：蜩与学鸠、斥鷃、宋荣子为何要"笑"？如何评价三"笑"？请自己思考后小组交流探讨。

生：我来说第一处"笑"。蜩与学鸠没有大鹏鸟远大的志向，看到大鹏鸟为了理想付出了许多努力，他们不理解，燕雀安知鸿鹄之志哉！

生：蜩与学鸠见识短浅，没有理想，也不想付出努力，还嘲笑为梦想付出的人，只能做井底之蛙。

师：这两名同学都提到了鲲鹏为梦想付出了努力，付出了哪些努力？

生：鲲鹏要水击三千里，乘着旋风，飞到九万里的高空，借助六月的大风而后才能向南飞。

生：文中还有一处写"风之积也不厚，则其负大翼也无力，故九万里，则风斯在下矣，而后乃今培风，背负青天，而莫之夭阏者，而后乃今将图南"，总结为达到一定高度，要有足够的大风，要不断的积累。

生：我觉得蜩与学鸠是在笑鲲鹏不够逍遥，鲲鹏要高飞凭借的条件太多。

师：可谓一语中的，别忘了我们学的这篇文章叫《逍遥游》。蜩与学鸠认为鲲鹏是不逍遥的，是有所"待"。你们觉得蜩与学鸠逍遥吗？

生：不逍遥，蜩与学鸠"决起而飞"也需要借助风力。

师：那比蜩与学鸠更小的事物需要凭借外物吗？

生：需要，文中的"野马也，尘埃也"，同样需要"生物以息相吹"。

生：庄子认为无论是适莽苍、适百里、适千里都需要有所凭借，到的越远，凭借的事物就越多，这两个小虫子无法明白这个道理。一个反问句，表明了作者的态度。

师：虽然都有所待，但燕雀永远无法懂得鸿鹄高远的志向，志向不同，凭借不同，努力不同，境界也就不同。斥鴳为什么笑鲲鹏呢？

生：鲲鹏要高飞，才凭借于风力，而自己不追求那样的高度，斥鴳认为能够摆脱凭借，自由地"翱翔"。这一段斥鴳嘲笑鲲鹏和前一段重复，都是想说明一个道理，世间万物都有所待。

师：说得有道理，庄子好啰嗦啊！反复写相同的情境，是不是有些重复呢？

生：我觉得这一段前部分想说的是小知不及大知，

小年不及大年。朝菌和蟪蛄是小年，冥灵和大椿是大年，彭祖是大年，而众人是小年，小和大是有区别的，鲲鹏和斥鴳就是例子，所以文中最后说"此小大之辩也"。

生：我同意这个观点，往往开头或者结尾是一段的小分论点，这段应该是第一段的深化，第一段写世间万物都有所待，第二段写有所待又有小大之辨。

师：太棒了！分析得十分清晰，集体的智慧是无穷的，你们有什么问题完全可以自己解决了。这一段还有问题吗？

生：老师"汤之问棘也是已"是什么意思？

师：有没有同学知道？

生：汤问："上下四方有极乎？"棘曰："无极之外，复无极也。"人外有人，天外有天的意思。

生：我认为他想说什么事情都是相对的，事物之间的大小也是相对的，彭祖和众人相比是大年，和冥灵、大椿相比是小年。

师：我们在分析一句话时不能将它和前后文本割裂开，结合语境，整体分析才能有的放矢。在第三部分庄子由物写到人，庄子一共写了几类人？

生：三类人。第一类人是"知效一官，行比一乡，德合一君，而征一国者"，第二类人是宋荣子，第三类人是列子。

师：宋荣子为什么笑"知效一官，行比一乡，德合一君，而征一国者"呢？这三种人有没有人达到"逍遥游"的状态？

生：没有。第一类人是有能力有德行、能让人信服的人，他们一定凭借许多外力。宋荣子能做到"不以物喜，不以己悲"，但还要"定乎内外之分，辩乎荣辱之境"；列子能够驾风而行，是神仙，看似很逍遥，但也要借助风，他们都是不逍遥的。

生：宋荣子觉得第一类人是不逍遥的，是五十步笑百步，他也不是逍遥的人。

师："知效一官，行比一乡，德合一君，而征一国者"和宋荣子最大的区别在哪？

生："数数然也"，宋荣子"未数数然也"。

师：他们分别受哪家学派影响呢？

生：儒家和道家，列子是神仙的代表。

师：正确，这三类人都不是庄子认为的"逍遥游"的状态。什么样的人能达到"逍遥游"的状态呢？能真正达到"逍遥游"的状态吗？

生："乘天地之正，而御六气之辩，以游无穷者。"这样的人是"逍遥游"的状态。我觉得这基本上达不到，没有人能达到，因为人活在世界上，不能不受限制，也不可能不凭借外物。

生：至人、神人、圣人能达到"逍遥游"的状态，因为他们无己、无功、无名，就是不分物我，物我两忘，不功利，不追求功名利禄、荣华富贵，我觉得没有这样的人。

生：我觉得这种"逍遥游"的状态很难达到，这只是庄子的美好愿望，是他对现实不满却无力改变后的精神解脱法。结合他生活的时代，这是庄子在精神上寻求的自我安慰。

师：庄子认为世上万物都受到限制，人被生死、寿夭、得失、荣辱、贵贱所牵累，没有自由可言。庄子的"逍遥游"其实是从精神上超脱一切自然和社会限制，泯灭物我对立，忘记一切，忘记自己，无己后无名、无功。庄子强调的是精神的逍遥，绝对自由地遨游于永恒的精神世界。

生：老师，我觉得我们有时是可以达到物我两忘、无功、无名的状态的。比如我们在做一道题时，或投入地做一件事时，是达到过忘记自己、忘记时间的"逍遥游"的状态的。

生：还有打游戏时……

生 成 感 悟

感悟一：选取适合的切入点激发学生兴趣。苏霍姆林斯基说过："在每一个年轻的心灵里，存放着求知好学、渴望知识的火药。就看你能不能点燃这火药。"激发学生的兴趣就是点燃渴望知识火药的导火索。庄子的思想深邃玄妙，具体体现在《逍遥游》一课中也是如此。虽然课文中用了大量的比喻和寓言故事来体现作者思想，但仍然比较隐晦含蓄，这就需要教师寻找到一个学生容易接受又感兴趣的切入点。文中出现了几次"笑"？"笑"的是什么？这些问题设置难度适中，让学生有话可说，能激发学生探究文本的兴趣。问题的设置由浅入深，符合学生的认知规律，而且在学生探究中，文章的行文脉络也清晰地呈现出来，学生在茫然迷乱后会有一种豁然开朗的喜悦，有助于激发学生继续探究的兴趣。

感悟二：设置悬念激发兴趣，引发思考。笑谁——为何笑——是否可笑？问题的预设环环相扣，层层深入，学生探究出"笑"的原因是不"逍遥"，并且是五十步笑百步。在对"三笑"探究的同时，学生也一直带着疑问：什么才是真正的"逍遥游"？古人云："文似看山不喜平。"我们现在教学中的提问大多过于单调直露，功利性强，不给学生思考的余地。设置悬念，旁敲侧击，让学生发散思维，主动思考，才能真正拓展学生思维的广度和深度。诗意的表达、理性的思考应该是语文课堂一种高品质的追求。

感悟三：主动创设质疑情境引发学生思考。"学起于思，思起于疑。"在课堂实录中，学生提出《逍遥游》第二段斥鴳笑鲲鹏和第一段蜩与学鸠笑鲲鹏的例子异曲同工时，教师并没有急于否定，而是留给学生足够的时间思考，激发学生思考的积极性，把质疑的机会留给学生，把课堂还给学生，真正实现生生互动。学生在合作探究、互相交流后的答案往往比教师直接给出的答案更有信服力。当然，这也需要教师善于发现和利用意外生成的资源，同时为学生营造一个宽松、民主的课堂氛围，给学生留有思考的时间和质疑的空间，让学生真正成为课堂的主人。

感悟四：成功的喜悦是学生前进的动力。当学生回答正确时加以鼓励，出现错误时给予引导，遇到困难时善于启发，适时创造机会，给学生足够的自信，让学生体验到成功的乐趣。苏霍姆林斯基说过："学生课堂学习的兴趣来自学习中能够意识和感觉到自己的智慧和力量,体验到创造的欢乐。"《逍遥游》这篇文章对学生而言有一定难度,学生容易出现学习兴致不高的现象,教师最好寻找学生的闪光点,加以鼓励,提高学生的学习兴趣。课堂实录中,学生质疑后生生互动,探究出第二段的小分论点是"此小大之辩也",教师给予了较高的肯定,充分调动了学生继续探究的积极性,也让学生敢于提出"汤之问棘也是已"的问题。简单的问题交给学生,大大提高了学生的自信,更利于激发学生的学习兴趣。

写在最后

引趣导思、质疑探究是建构生成性课堂的基石。"知之者不如好之者,好之者不如乐之者。"兴趣是学生积极主动探索知识的内部动力,只有激发学生学习兴趣,引导学生思考探究、大胆质疑,才能不断生成新的课堂资源。在课堂教学中,没有质疑就没有生成。当学生发出质疑时,教师不妨静心倾听、深入思考,有时会迎来不曾预想的精彩,生成课堂教学的闪光点。《学记》曰:

"学贵有疑，小疑则小进，大疑则大进。"教师不妨主动创设质疑情境，适时调整课堂预设，在师生互动、生生互动中点燃学生思维的火花，为学生畅所欲言、各抒己见创造一片自由的沃土。

生成性课堂对教师的知识底蕴、专业素养和综合能力提出了更高的要求。教师唯有不断充实自己，拓宽视野，方能带领学生翱翔在知识的殿堂，唯有学而不厌，方能诲人不倦。

周　蕾

黑龙江省牡丹江市第二高级中学

生生不息,嫩蕊商量细细开

——《劝学》课堂生成之思

写在前面的话

关于生成性课堂的价值,靖国平教授在《生成性课堂何以可能》一文中总结了四点:其一,课堂教学关注生命成长,关注学生人格成长;其二,关注学生内心想法的表达;其三,关注课堂教学中丰富的差异性;其四,让学生产生个性化的表达。

因此,我们将生成性教学理解为:在充分预设的前提下,建构起老师、学生和文本三者之间互动交流的过程。在这一过程中,教师只有对学生起到促进、激励和引导的作用,学生的创造性才能得以培养,灵感性才能得以发挥,求知欲和好奇心才能得以引发,学生的潜能才能进一步得以挖掘。可见,生成性课堂教学是以学生的主体活动为基础,教师对课堂教学活动进行实时分析、审视、思考、引导和调整的过程。

生成性课堂的精彩,不仅在于如树干般挺拔、脉络清晰、枝干分明的教师的引导,更在于学生在课堂上迸发的生生不息、如繁花嫩蕊缤纷绽放般的智慧花火。

课堂实录

师:1994年,"首届世界终身学习会议"在罗马隆重举行。至此,"终身学习"的概念在世界范围内形成共识。如今,"终身教育"已经作为一个极其重要的教育概念在全世界广泛传播。"终身教育"也就是中国俗语中所说的"活到老学到老",在两千多年前的战国时期就有人提出了这个观点,他就是儒家学派代表人物,思想家、教育家——荀子。今天我们来学习荀子的代表作品《劝学》。

师：中国俗语所说的"活到老学到老"，在文中是如何表述的？

生："学不可以已"，学习是不可以停止的。

师：是的。身为学生的我们深刻地懂得，学习是不可以停止的。那么，荀子是以什么方法鼓励我们一直学习？阐述了哪些道理？

师：同学们以小组为单位自由讨论学习，再发表你的见解。

生：荀子用比喻论证的手法来鼓励我们学习。"青，取之于蓝，而青于蓝；冰，水为之，而寒于水。"这是两组比喻论证，意思是说：靛青这种染料是从蓝草里提取的，然而却比蓝草的颜色更深；冰块是冷水凝结而成的，然而却比水更寒冷。这里的"青""蓝"与"冰""水"都是喻体，"蓝"与"水"的本体都是学习之前的知识水平。这几句话告诫我们的道理是：人经过学习就可以使知识水平得到提高和超越。

生："青于蓝"是萃取，是提纯；"寒于水"是状态改变。都是强调学习这种后天行为可以改变、提升天生的属性。

师：分析得很透彻。

生："木直中绳，𫐓以为轮，其曲中规。""直木"

变成"中规"的车轮,是从不是器变成器,这种成器的过程出于"煣",即用火烤使之弯曲。"木"经过"煣"这种加工,与人经过后天的学习加工有相似点,所以也是比喻论证。"虽有槁暴,不复挺者"进一步说明本质改变后,很难回到无用的状态。这就是学习对人的意义。

师:你的分析真是精确,而且能抓住本质,成器的过程出于"煣",独具慧眼!

生:"故木受绳则直,金就砺则利"也是比喻论证。是说"不直"的"木"经过墨绳的取直然后加工就会像墨绳画得那样直了,金属制成、没有开刃的刀剑在磨刀石上磨砺就会变得锋利。这句话也是告诫我们学习可以让我们改变天性。

师:是的。作者在此通过五组比喻,阐明学习的意义。荀子认为人的知识、道德、才能都不是先天生成的,而是通过后天不断学习改造才获得的。"木"要改造为"中规"的轮,要用"煣";金要"利",就得"就砺";人要改造成为"知明而行无过"的君子,就要"博学而日参省乎己"。可见学习多么重要,所以"学不可以已"。

生:作者在第三段中用了五个比喻,列举了生活中的五种常见的情况,"跂而望""登高而招""顺风而呼""假舆马""假舟楫",说明君子善假于物,通过学习可以弥补不足。君子之所以能超越常人，并非其先天素质与一般人有差异，而是靠后天的善于学习。要在学习过程中不断地提高自己、完善自己，学无止境，不可停止。

生：作者在第四段中也运用了比喻论证的方法阐明"学不可以已"，除此之外还有对比论证。因为学习要积累，所以不能停止。从"积土""积水"推论到"积德"，正面论述积累的作用；用"不积跬步""不积小流"两个比喻从反面说明如果不积累就不能达到远大目标。这样一正一反对比论证，更辩证地说明了学习是一步步积累的，所以不能停止。

生：作者还用"骐骥""驽马"做对比，说明条件的好坏不是学习的决定因素，坚持不懈才是学好的关键。又用"锲而不舍""锲而舍之"对照，说明只有坚持不懈、持之以恒，才会有所成就。

生：作者还用蚓和蟹两个比喻正反对照进行论证。说明学习要专心致志，不能停止。

师：是的。荀子在《劝学》一文中还曾提到"目不能两视而明，耳不能两听而聪"。眼睛不能同时看清楚两样东西，耳朵不能同时听清楚两种声音。"是故无冥冥之志者，无昭昭之明；无惛惛之事者，无赫赫之功"，因此没有刻苦钻研的心志，学习上就不会有显著的成绩；没有埋头苦干的实践，事业上就不会有巨大的成就；没有专一、坚定不移的精神，就不可能成为像君子一样"知明而行无过"的人。

生：老师，我想问一个问题。荀子在这里告诉我们"学不可以已"，不是强调人人要"终身学习"吗？为什么只强调"君子"这样认为？

师：这个同学问得好！这个问题直指了荀子的学说思想。谁能来帮助他解释一下呢？

生：荀子提出性恶论，认为"人之性恶，其善者伪也"。意思是人的本性是邪恶的，那些善良的行为是后天习得的。所以荀子在这里是强调，后天的学习可以让人成为君子。比如"君子博学而日参省乎己，则知明而行无过矣""君子生非异也，善假于物也""故君子居必择乡，游必就士，所以防邪辟而近中正也""君子慎其所立乎""故君子结于一也""君子贵其全也"。

生：这里是引用，是重申《论语》的观点。

生：荀子提出"性恶论"，孟子继承孔子的思想提出来"性善论"，是对立的关系。怎么能说是对孔子《论语》的重申呢？

师：非常棒的思考！荀子继承和发展了孔子的思想，

认为要终身学习,这种"内修于己"是伴随终身的,而孟子的"内修于己"是向内寻求成长。学习是人类认识自然和社会、不断完善和发展自我的必由之路,是向外寻求成长。无论一个人、一个团体,还是一个民族、一个社会,只有不断学习,才能获得新知,增长才干,跟上时代。跨越千年,荀子以他灵活自然、生动鲜明的文风,将深奥的道理寓于大量浅显贴切的比喻之中,呈现在他的子孙后代面前,铺陈扬厉,说理透辟,精练有味,警句迭出,耐人咀嚼,可谓"诸子大成"。所以建议大家课后能够阅读全文。

生 成 感 悟

感悟一: 生成性课堂必须让学生真正成为课堂的实践主体,能够感受、体悟,并将感悟内化吸收,从而成为自己思想的主体,在课堂的动态生成中实现目标。比如在课堂实录中,将"学不可以已"这个问题贯穿始终。学生在课堂中思考而生成的问题"荀子在这里告诉我们'君子曰:学不可以已'。不是强调人要'终身学习'吗?为什么要强调'君子'?"以及提出"荀子认为'性恶论'，孟子继承孔子的思想认为'性善论'，是对立的关系。怎么能说是对孔子《论语》的重申呢？"这个生发的问题，是学生们通过积极回归文本探究，内化成自我的认识、感悟而逐渐形成的自我认知，真正实现了"嫩蕊商量细细开"。

感悟二：生成性课堂必须同等地认识到教的重要性。教是因为学才存在，必须为学创造尽可能适合的、需要的服务，最大限度上促进"感悟——内化吸收——转化"这个过程的完成。但是，这并不表明教是从属于学的，因为教预设了学什么、怎样学，主导着培养什么样的人、怎样培养人的问题。在课堂实录中，教师一直担任着引导者、协助者的角色，是大树的枝和干。整个教学中，教师预设的一个大问题"身为学生的我们深刻地懂得，学习是不可以停止的。那么，荀子以什么方法鼓励我们一直学习？阐述了哪些道理？"引领孩子们明确"终身学习"的人生目标。通过课堂师生的讨论、思辨，获得了"性善论"和"性恶论"的辩证认知，进一步解读了儒家思想。

感悟三：生成性课堂要适度延伸，拓展视野宽度。在高中语文教学中，教师不能拘泥于课堂教学的文本内容，而应该引导学生不断拓展，促使学生提高自己的综合能力。在动态的语文课堂中，教师利用学生学习中感兴趣的部分，鼓励学生进行适当的延伸和拓展，令其学习更加深入。比如在课堂实录中，拓展《劝学》全文的学习："目不能两视而明，耳不能两听而聪""是故无冥冥之志者，无昭昭之明；无惛惛之事者，无赫赫之功"，荀子"性恶论"的思想——"人之性恶，其善者伪也"，以及鼓励学生课后阅读《荀子》等拓展的内容，都是在为学生"细细开"提供充足的养分和空间。

感悟四：生成性课堂要求学生要有思辨性思维。语文教学的思辨性思维是倡导质疑和反思。作家狄马说："一个人如果真的养成了独立、自主、理性和思辨的习惯，那他已经是个现代公民了，语文教育的任务也就完成了大半，甚至是完成了最重要的部分。"可见，思辨性思维在语文教学中十分重要。在课堂实录中，学生通过对全文的理解和认知，思考并提出问题——"荀子提出'性恶论'，孟子继承孔子的思想提出来'性善论'，是对立的关系。怎么能说是对孔子《论语》的重申呢？"这就是思辨性思维。这种思维的生成是"生生不息"的思考，是"细细绽放"的呈现，是"嫩蕊"缤纷开放的智慧之花。由此内化成学生自身的认知，更是课堂之妙。

写在最后

创造生成性课堂,一定是要学生参与到课堂教学中来,改变传统课堂师生间"优秀的演员与醉心的观众"的不对等格局。拓展学生参与的深度和广度,促使学生自己想办法、积极思考,有效改变了传统课堂被动的、跟着老师走、单向灌输的"教与学"状态,增强了学生学习的主动性、积极性,激发了学生思维能力的发展和创新精神的培育。在本课的教学中,老师就充分调动了学生的自我学习热情,在"为何要终身学习?"这一问题的引领下,让学生积极思考、辩论,实现了生生不息。学生们也做到了在讨论中"细细绽放",百花齐放。

诗意语文课堂为学生和老师留有一方诗意的天地,用诗意的思想成就教师的自我实现,引领学生"细细绽放",营造繁花似锦的未来!终身学习,终身追求诗意的远方……

刘洪丽

黑龙江省牡丹江市江南实验学校

人间至美是遇见

——《湖心亭看雪》课堂生成之思

写在前面的话

叶圣陶先生认为：教是为了达到不需要教，教育过程是引导学生自己学习，学会自学，以至坚持终身自学的过程。教育就是教人自我教育，同时教学相长，互相教育。教育的发展和重点是顺进化之理，应未来之需。充分发挥教育开创文化的功效，注重培养学生的创新精神和实践能力，不断实现教育自身的创新。

其实，教学过程就是一个建构过程，它具有很强的生成性。尊重学生的阅读体验，注重师生互动、生生互动、生本互动是教学实践中弥足珍贵的标点，足以句读出思想与文本交互生成的韵律来。当学生在课堂上提出有价值、有创见的问题时，教师应迅速捕捉教育契机，及时调整预设环节，建构一种开放、互动和多元的教学形式，把学习的主动权交给学生。师生将在自由平等的学习过程中更好地体验生命的成长，感受学习的快乐。

师者，传道启智，授业铭德，解惑育心。课堂之上，师生之间，问答之际，文本内外，妙趣横生，欣有所得。正如林清玄诗云："白鹭立雪，愚人见鹭，聪者见雪，智者见白。"当灵感遇见智慧，当良师遇见学子，当张岱遇见雪，人间至美是遇见。

课堂实录

师：遇见一篇佳作，我们首先要解读和探讨的是文题，当"湖心亭看雪"这几个字呈现在眼前时，我们最想了解些什么？

生：谁去看雪？什么时间去的？

生：雪景美吗？比起我们雪乡的雪怎么样？（生笑）

生：作者为什么要到湖心亭看雪？怀着什么心情？

师：现在，我们一起走入文本，看看是谁在什么时间去赴一场心灵之约的。

生：张岱去赏雪，在更定之时。

生：是在大雪下了三天之后的晚上，因为文中说"大雪三日，湖中人鸟声俱绝"。

师：善于抓住文本信息，这个做法很好。

生：我认为不是张岱一个人去赏雪，还有其他人。

生：不，他是一个人去的。从"独往湖心亭看雪"中的"独"字可见。

生：不对，后面写的是"舟中人两三粒而已"，这说明应该不只作者一个人，还有舟子。我认为前后矛盾。

师：善于思考，欣赏！的确，作者说自己是"独往湖心亭看雪"，后又说"舟中人两三粒而已"，这样写矛盾吗？请同学们一起探究，看看是否矛盾。

生：我觉得不矛盾，赏雪的只有张岱，舟子只是划船的，童子也只是陪同的，这和作者的出行目的不同，所以不矛盾。

生：我也觉得不矛盾，张岱是自己去赏雪，文中结尾说"莫说相公痴，更有痴似相公者"也可以看出，舟子并不理解张岱的行为。

师：那让我们一起看看"独"就是为了表明自己一个人去赏雪吗？我们从这个"独"字中还能读出什么？依据你查阅的相关资料，结合阅读体验来谈。

生：这个"独"有孤独、落寞的感慨，"独往湖心亭看雪"的"独"字，让我想到了"独在异乡为异客"，形象地表明了作者内心孤独寂寞的情感。

师：说得太好了！独在异乡为异客，内心是孤寂的。

生：作者选择在大雪三日，更定之时，也可以看出他不喜欢被他人打扰，具有超凡脱俗的闲情雅致。

师：课文选自《陶庵梦忆》，我们不妨结合时代背景来考虑。

生：忆，表明这是一部回忆录。作者是明末清初文学家，在明灭亡后入山著书。本文是作者写于明王朝灭亡之后，表现了作者对故国往事的怀恋。

生：应该是表明作者在明朝灭亡后不忘故国，不能融于清王朝的痛苦和孤独吧。

师：知人论世，说得很好，理解很到位，表明了作者的故国之思。

生：作者是清高与孤傲的，有着不被人理解的孤独。

师：是呀，作者的孤独是不被人理解的。文章末尾，舟子用了一个字评价张岱，这个字就是——

生:"痴"。

师:"痴"是什么意思?

生:傻、愚笨。

师:作者真的"痴"吗?结合文章说说你的看法。

生:我认为这里的"痴"是痴迷、沉迷的意思。作者沉溺在雪景中,能在下了三天的大雪之后,于夜晚去赏雪。他还痴迷在自己的内心世界中,做最本真的自我。

生:他已经在当时的雪景中达到了忘我境界,做到了天人合一,物我合一。

师:奇景"奇"在:万籁俱寂,天地一色,万物渺小。痴人"痴"在:不顾天寒地冻,独往赏雪,醉心于雪景,闲情雅趣异于常人。能让人在一个"人鸟声俱绝"的冰天雪地的夜晚来湖心亭看雪,足见湖心亭雪景的魅力无限。让我们朗读一下文中描写湖心亭雪景的语句,一起感受湖心亭雪景的魅力。

生:"生雾凇沆砀,天与云与山与水,上下一白。湖上影子,惟长堤一痕,湖心亭一点,与余舟一芥,舟中人两三粒而已。"

师:这处描写是《湖心亭看雪》中历来为人们所推崇的经典文字,它描绘了怎样的雪景,好在哪里呢?

生:"上下一白"写出了雪下得非常大,天地浑然一体，世界变成白色。

生：我特别喜欢"舟中人两三粒"中的"粒"。这个字写出了人在茫茫大雪中显得十分渺小的场景，也突出了雪的大。

生：这里借长堤、湖心亭、舟、人几个意象写出了雪后湖心亭的幽静。

生：文言文一般都省略量词，这里的量词"痕、点、芥、粒"很有特点。

师：哪位同学能说说有什么特点？

生：（沉默，思考）

师：我们试着改动一下：惟长堤一道，湖心亭一座，与余舟一艘。这样可好？

生：不好。用"痕、点、芥"这样的词更能够表现出"我"与万物的渺小，从而反衬雪大。

生：我认为这里应该运用了比喻，把小舟比作芥（小草）和把人比作米粒。

师：量词是喻体，量词前的那个名词是本体，"量词+名词"共同构成一个绝妙的比喻。这种写法在文学作品里面屡见不鲜："一钩残月向西流，对此不抛眼泪也无由。"毛泽东巧借名词"钩"为量词，形象地表现出"残月"形状，使句子传神地产生"残月如钩"的修辞效果。同学们还能说些这样的语句吗？

生：一轮红日，说明此时太阳盈满如圆轮。

生："君看一叶舟，出没风波里。"小舟如一片树叶漂浮在滔滔巨浪中，一会儿被抛向浪尖，一会儿又被抛进浪谷。

师：所以，这番"看雪"，不是一般意义上纨绔子弟的赏心乐事，而是家国离乱之后的独行解忧。虽然早已改朝换代，作者却依然以旧历纪年，似乎那山、那湖、那雪、那个家国，从未改变过。什么是好文章？好的文章便是：即便你不了解这些，却依然会被那种淡淡的哀愁迷蒙着，三百多年，凝聚不散。而当你了解了这些，便有一声叹息，几番感触，心生敬意，悠然神往。

生 成 感 悟

感悟一：烹茶飨味，须留半盏。用心备课，是心灵与文本的遇见。好的备课关键在于教师的"隐性"思索，把工夫花在钻研教材上，对教材深入挖掘，有教师自己的理解；花在推测学生的"可能"上，在备课时我们要多设想几个"意外"，学生会在课堂中遇见哪些问题？

如何帮助他们？为此，我们应努力扩充与教材相关的知识，要深究教材之意，走到教材之外。教师进行教学设计时要考虑学生的学习需要，设计有价值的开放性问题，并对课堂上可能发生的情况进行估测，设计出多角度多层次的策略库，以备在教学中迅速调用。这样才能充分利用宝贵的生成性资源，组织学生进一步深入学习与拓展生成。犹如烹茶啜饮，若要尽飨其妙，须留半盏，以解醇美之味。

感悟二：欲得真意，先遣多思。充分预习，是学子与作者的遇见。自主合作探究式的学习，自主是前提。我们应将后置性学习变为前置性学习，要想课堂异彩纷呈，收到预期的效果，首先要让学生做好充分的预习。书读百遍，其义自见，文言文教学可以利用晨读反复朗读，自然成诵。课前布置学生明确的预期任务，查找作者资料，了解写作背景。课堂实录中，学生正是结合了作者资料，才领悟到对往事、故国的怀念，领悟到那种深深的故国之思。正是有了充分的自主学习，有了深入的思考，学生们才能真正做到知人论世。这样的自主学习也让学生有了更多的个人感悟，形成了自己独特的阅读体验。充分预习，反复研读，善思善究，方得真意。

感悟三：见仁见智，多元生成。平等探讨，是思想与语言的遇见。要想让课堂成为一个生成性的课堂,课堂就要成为一个问题连连的课堂,成为一个研究性的课堂。只有在自由平等的课堂上,学生才敢于发问,才能够仁者见仁,智者见智。在课堂实录中,正是学生提出了"前后矛盾"这一问题,才引发了课堂向深度探究。随着同学讨论而生发的新问题,在课堂上有时更有意义,更有助于学生对文章的理解。自由平等的课堂有利于学生思维的飞扬,学生们会更加自信地积极思索,积极探究。创设自由平等的学习氛围,会让学生对文本有更深的解读,有更加多元开放的探究。这样一个生成性的课堂,会大大地激发学生的学习兴趣和参与意识,也会有许多意想不到的收获。

感悟四:怀情而教,共创共生。共创共生是智慧与情感的遇见。教学是教师、学生、文本和作者之间的一种"对话",是一种思想的交流和情感的互通。这就要求教师要"怀情而教",要在教学中注入鲜明浓郁的情感,用火热的情感去触动学生的心;要善于引导学生从文章的语言文字中感悟、生成、表达;要善于带领学生走进文本所提供的艺术形象或具体画面之中,启发学生的形象思维、发散思维。师生在碰撞中点燃智慧,教师要更好地捕捉生成性目标,创造高效的人文课堂。

写在最后

语文课堂最应是充满激情与活力的，充满挑战与惊喜的，充满创造力与成就感的。师生可以在课堂上共同品味母语的优美，体悟民族文化的精髓，享受创造性学习的快乐。教师循循善诱，学生孜孜以求，师生在交流中完成一次又一次美好的遇见，这样的课堂活泼又充满生机，深刻又富有才情。为此，我们不仅要关注学生学习的结果，更要注重过程，在教学中要体现新课程理念，引导学生通过"自主、合作、探究"的学习方式深入学习，让课堂更具活力；更加关注学生的思维过程、思维品质的培养，在师生、生生多重组合的教学活动中，及时捕捉那一刹那的灵光闪现，敢于突破教学预设，引导学生开展有效的探究；更要把学生置于教学的出发点和核心地位，真正把课堂交还给学生，努力建构生成性课堂教学模式，促进课堂教学焕发生命的活力。

人间至美是遇见。教师只有在思想上真正顾及学生多方面的成长，顾及教学活动的多面性和师生共同活动中多种组合和发展方式的可能性，才可能使课堂处于不断生成的过程中，才能与学生一起遇见文章之妙、文学之美、文化之博，使课堂呈现出生机勃勃之象。我的课堂生成之思更是一份期许，期许每一名教师都能于高天之下、千山与万径中，觅见自己的"湖心亭"，观白鹭立雪，得满眼纯净，满心欢喜。

李 红
黑龙江省牡丹江市实验中学

游戏为舟读做桨,古为今用智者心

——《〈论语〉十二章》课堂生成之思

写在前面的话

有人评价钱梦龙,说他所追求的是"活而实"的教学方法。"活而实"的教学方法,渗透着生成性教学的智慧,是一线教师们所向往和追求的境界。

"生成"即创生或生长,这种创生或生长大多是教师在备课时有所预设的,但也有一类不"招人待见"的生长,那就是教师力所未及的预设。尤其是后者,更是要求教师从生命的高度,用动态生成的观点看待教学,根据不同的教学情境自主构建教学活动。

所以,一个高明的语文教师,不仅要善于捕捉课堂生成的瞬间,更要善于抓住这一契机,将这一资源加以放大和扩充,使之成为增益学生语文修养的重要载体,成为丰富学生生命体验的无尽源泉。

这个世界上的真理,永远都是朴素的。《论语》想要告诉我们的东西,永远是最简单的——怎样才能在日常秩序中找到个人坐标,过心灵所需要的丰盈而快乐的生活。当高明的语文老师遇到《论语》,课堂的枝叶便迎风舒展,欲与云天共舞了。

它就是这么一本语录,就是这么一场场精彩的师生对话的合集。如孔子所指的那条波澜横生的河水,我们畅游其间,迎接思想和智慧的吻触;我们也"风乎舞雩",在反观与自省中"咏而归"。这才是我们今天学习《论语》的现实意义。

课堂实录

师:朗读是学习语文的情感基础,尤其对于语录体著作《论语》,最好的学习方法就是朗读。下面我们来学习"学习方法"部分,齐读第一、四、五章。

(生齐读)

师:"说"不读 shuō,它是通假字,通"悦"。第一章中每一句话都以"乎"结束,谁再来朗读一遍,读出"乎"的语气。

(一生读,语气平淡)

师:想要读出"乎"所承载的意味,首先要明确这几个句子是什么问?

生:反问。

师:反问的语气怎么读?

生:要加强语气,读出强调的意味。

师:说得好。你给大家读读看。

(生读)

师:"乎"字语气加强了,这就显得很有力量,读得好!那么这三处反问是为了强调什么呢?

生:为了强调"说""乐"和"君子"。

师:为什么会有这些感触?

生:孔子认为,学习并能按时复习,就有收获,就值得愉悦。

生:孔子好客,喜欢与志同道合的人交往,谈谈学问聊聊人生什么的,所以会觉得快乐。

生:"愠"是恼怒的意思。孔子不被人了解也不恼火,这表现他的自信,这样的人是称得上"君子"的。

师:同学们不但疏通了文意,而且读懂了孔子的品性,很好!这一章介绍的学习方法就是按时复习。请女同学齐读每一个分句的前半句,男同学读"乎"字句,注意读出反问语气。

(男女生合读。师鼓励学生背诵)

师:我们接着学习四、五两章,先来齐读课文。

(生齐读)

师:不少同学喜欢看穿越剧,下面我们就来玩一个穿越的游戏,一位同学运用刚刚学过的论语中的一章,以夫子的语气说"你要谨记……"另一位同学用"弟子明白,您是说……对吗?"的句式进行翻译或解说。明白了吗?

生:明白了。

师:给你们一分钟时间做准备。

生1:(威严状)你要谨记,学而时习之。

生2:(谦虚状)弟子明白,您是说,学习之后要经常复习,这样是快乐的,对吗?

师:表情神态都做得很好。注意,"时"不是经常的意思,是——

生：按时。

生1：（故作老成）你要谨记，温故而知新，可以为师矣！

生2：（低头领教）弟子明白，您是说，我要经常温习学过的东西，这样才能得到新的知识，对吗？

师：得到新的知识和——

生：领悟。

师：同学们的表演朗读很有现场感！这两章传递出的学习方法是"温故，学思"。孔子告诉我们该以怎样的态度来学习呢？请同学们齐读第七、九和十章。

（生读）

师：同学们读得流畅，可是老师发现一个问题：大家都是一本正经地朗读。朗读文言文的姿态，真的只能是这样吗？请看马鞍山某中学的论语诵读现场（屏显），同学们起立，像他们那样读论语！

（生站直，捧起书朗读）

师：以这样的站姿朗读，你感受到了什么？

生：我感受到庄重、庄严。

生：我感受到对孔子的敬重。

生：我感受到对传统文化的敬重。

师：很好，今后再读古文，我们可以尝试使用古人的姿势。再没有别的朗读姿态了吗？

（生疑惑）

师：《从百草园到三味书屋》里那位私塾老先生是怎样读书的？

生：他微笑起来，而且将头仰起，摇着，向后面拗过去，拗过去。

师：记性真好！大家想不想体验一下这样朗读文言文的方法？

生：（热情地喊）想！

师：就这句，"知之者不如好之者，好之者不如乐之者"。

（生站起，微笑着，摇头晃脑地朗读）

师：这样的朗读，你体会到什么？

生：我感觉头晕。（生笑）

师：晕啊，晕就对了，说明你读得很用力。不过咱们的重点是朗读，不是健身，可得悠着点读啊！（生笑）

生：我觉得快乐和陶醉。

师：你不仅学习其形，而且领会其神。通过这句话，孔子告诉我们什么样的学习态度呢？

生：对学习我们要有兴趣，因为兴趣是最好的老师。

师：说得好。

生：我们要以学习为乐，这种快乐可能自然就有，也可能是要说服自己。

师：你很会自我反思、自我修正。让我们的朗读再多一些古意，这一次咱们闭上眼睛读。

（生知中计，笑着"读"）

师：（故作吃惊）原来大家都已经会背啦！看来还真是"知之者不如好之者，好之者不如乐之者"呢！就请同学们带着这份快乐和对《论语》的兴趣，独立完成第九、十两章的学习吧！

（生朗读，理解语句）

师：这两章暗含怎样的学习态度呢？你是从哪些字句看出来的？

生："三人行，必有我师焉"意思是三个人一起走路，一定有可以当我的老师的，意思是人要谦虚，多向他人学习。

师："三"是三个的意思吗？

生：古文中的"三"，大多是约数，几个的意思。

师：比如三思而后行、三缄其口等。几个人一起走路……

生：孔子告诉我们，要珍惜时光。

师：分析得很好。下面我们就来进行一个角色体验的小游戏：假如你是心理咨询师，请你引用《论语》中的语句，对来访同学进行心理疏导。一位同学述说烦恼，另一位同学疏导。

（生思考，准备）

生1：妈妈天天批评我，说我就知道浪费大好时光。我才十三岁，人生之路还长着呢！今后再努力就是了。

生2：孔子说："逝者如斯夫，不舍昼夜。"如果不珍惜时间，留给你的只能是后悔啊！

生1：我的同桌学习成绩不好，也没有什么兴趣爱好，跟他同桌，严重影响我的心情。

生2：孔子说："三人行，必有我师焉。"每个人都有值得你学习的优点，你要善于去发现啊！

生1：我喜欢读书，可是一到考试，成绩总是不理想。

生2：孔子说："学而不思则罔，思而不学则殆。"你要多思考，而不是一味朗读啊。

师：同学们的表演源于生活实际，选用的《论语》也非常恰当，说明大家都是有学有思的，这真令老师欣慰！孔子被誉为"至圣先师"，他所传授的学问，是融入生活体验的学问，是帮助我们幸福生活的学问，这就是我们今天为什么仍然要读《论语》。希望同学们认真体会，用《论语》的智慧之光照亮自己脚下的路。

生 成 感 悟

感悟一：基于学情，全方位多角度预设。笔者备课时将重点放在朗读训练上，目标为读正确，读流畅，意在引导学生读中品，读中悟。为引导学生读出感情，我抛出极易被学生忽略的"乎"这个文言词语，让学生思考语气，琢磨出朗读要领后再反复朗读。在"穿越游戏"环节，笔者预设几种学生可能出现的错误，如"学而时习之"中的"时"，学生可能会翻译为"经常"，"温故而知新"中的一对反义词也可能是理解的难点，课堂上学生果真出错。抛弃过于容易的问题，拣选学生有疑问或说不明的问题，是直抵课堂生成的教学智慧。

感悟二：敢于放手，迎接知识和情感的弹性生成。课堂上能不能生成，生成什么样，有时不是以教师的意志为转移的，所以预设时应多一份弹性的设计，少一份僵硬的形式。在游戏环节"角色体验"中，教师要求学生想象一种心理困惑，再挑选《论语》中的句子作咨询师的疏导材料，两个问题都具有开放性，尤其疏导的那部分内容,有时是发散性质的。通过学生的表现看出,学生渴望自由的言说和表达,他们的对答不仅指向文本,也充分展露了他们的内心情感,这是连学生自己都没有意识到的。

感悟三:巧借意外,紧抓生成契机。课堂教学要遵循人的特点,巧借各种"意外"创造精彩。这些"意外"可以是学生的突然发问,可以是学生有亮点的见解,可以是学生错误的回答……尤其是学生错误的回答,值得紧紧抓取。比如学生把"三人行"理解为"三个人一起走路",这个错误的解释不只属于他自己,也属于同一认知层次的其他同学。教师直接指出,未必有学生出错,大家纠正错误效果好。面对"意外",教师必须敏锐捕捉和充分肯定,选择适当的问题以恰当的方式把其升华为"课眼",使教学在动态生成过程中达到目标。

感悟四:对接现实,勾连文学与生活。南怀瑾先生说,中国古文体裁的文学,使文字和语言完全分开,使文学词章超然独立在时间、空间之外,保留了几千年的文化思想,今人与后世的意识,完全不受时代环境的变革而有所阻碍。《论语》就是这样一部精神巨著。孔子对弟子宣讲的人际关系、社会行为和自我修养等,都是儒家文化的智慧结晶,是一种"实践理性主义"学说。

既然是一种实践性的学说，就应该在现世生活中予以继承。模拟心理咨询环节就是把传统文化与学生生活实际融合起来的过程，通过倾诉和疏导，学生获得精神的洗涤和情操的陶冶。

写在最后

苏霍姆林斯基说过，教育的技巧并不在于能预见课堂的所有细节，而在于根据当时的具体情况，巧妙地在学生不知不觉中做出相应的变动。

因此，生成是随意的，具有偶然性，教师无法预判。但教师可以根据学生的实际情况，在预设环节围绕教学目标，围绕自己的知识储备和所占有的资料，围绕学生的能力和兴趣进行教学设计。至于能否生成，生成质量如何，很多时候还取决于学生素质、教师素养和课堂情境等。

当然，教学生成也有可控性。课堂教学的生成，往往是在学生的学习需求中完成，在师生的互动对话中生成，在对文本的多元解读中生成……教师要敏锐捕捉课堂的生成点，不躲避学生的质疑点和争论点，不疏忽学生的失误点和意外点，不错过学生的闪光点和燃烧点，激发学生的思维火花随时绽放。

相比之下，教师最担心"非预设性生成"，其实如果基于课程标准和教学目标，适时捕捉和驾驭非预设性生成，就一定能更好地促进学生的思辨能力和创造性思维的发展，它是教师可遇而不可求的教学资源。

邓　颖
安徽省蚌埠市铁路中学

小 说 篇

启发思辨探真容

——《林黛玉进贾府》教学生成之思

写在前面的话

苏霍姆林斯基有言:"教学的技巧并不在于能预见到课的所有细节,而在于根据当时具体的情况巧妙地在学生不知不觉中作出相应的变动。"我们并不否定预设的作用,但如何在既定的教学轨道中,抓住课堂的动态变化、意外之喜,从而让课堂开出预设之外的花朵,是值得我们思考的。

人类文明就是在一次次的意外中不断前行的。在灵感乍现的瞬间，思想的光芒绚烂异常，如能沿着这道光继续前行，也许能到达芳草鲜美、柳暗花明的另一个天地。然而意外的灵感常有，而发现的眼睛不常有。我们往往被主流观念裹挟着向前，无暇旁顾，我们常常奋力前行，却忘记了为什么要出发。

语文课是启发思维，培养思辨能力与审美能力的园地，然而在教学进度的催促下，我们常常把课堂预设得精细无比而忽略课堂中产生的动态问题。就像一盆被精心修剪的盆栽，一旦有旁逸斜出的枝条，便会被折之、剪之，殊不知，未来，也许便是它们能开出花来。因此，在预设之外的发现与启发，需要我们格外珍视。

在《林黛玉进贾府》一课的教学中，我注意发现与启发，保持了课堂的动态生成。

课堂实录

师：曹雪芹对"三春"、王熙凤、贾宝玉的外貌都有描写，因此我们仿佛能够看见"神妃仙子"和"混世魔王"的样子，然而林黛玉又是什么样子？她给你的印象是怎样的？

生：体弱多病但举止不俗，因为众人见她的第一印象就是如此，而且一下子就看出了她有不足之症，说明她体弱明显。

生：美丽，有气质。

师：有什么样的气质？从文中的哪里可以看出？

生：忧郁，多愁善感。王熙凤说"天下真有这样标致的人物"，宝玉眼中的她是"两弯似蹙非蹙罥烟眉，一双似喜非喜含情目""泪光点点，娇喘微微"。

师：抓得很准，你从这里看到了林妹妹的神韵，宝玉眼中的林妹妹果然不同于别人看到的，别人只觉得标致、娇弱，而宝玉却能从眉目中读懂她的喜悲，不愧是"木石前盟"。但你说林妹妹美丽，她的美究竟是怎样的？你脑海里能浮现出她的样子吗？比如她的衣着、长相、神态……

生：（沉默一会儿）我只是觉得美丽，而且王熙凤也说她"标致"，所以……

师：嗯，通过别人之口说出，这是侧面描写，但我们知道王熙凤也是美丽的，"三春"也不差，而且曹公对她们的长相、衣着都有正面描写，反而对林黛玉的美，曹公没有这么写，那是怎么表现的？

生：我觉得林黛玉应该是瘦弱的，在宝玉眼里是"姣花照水""弱柳扶风",而且"泪光点点""娇喘微微",有哀伤之美,病态之美。就是像西施一样的那种病态美。

生:我觉得作者有描写,"两弯似蹙非蹙罥烟眉,一双似喜非喜含情目",眉目传情,眉目最能表现人的特点,她有一种多愁善感之美。

师:那为什么不写她的衣着和外貌的其他特征?像写"三春",虽描写得不多,却写了肌肤、身材、眼、鼻等特征,而写王熙凤更是浓墨重彩,穿着、佩戴、身材、长相都有详细描写。

生:我觉得这是给人留下想象空间,而且林黛玉属于气质型美女,也许其他方面并不突出,最突出的就是眉眼那一股忧郁气质。而这种精神上的悲伤忧郁并不好表现,如果什么都写,重点就不突出了,所以只挑了最重要的眉目、病态写,剩下的让读者去想象。

师:林黛玉的忧郁、哀愁、温柔、风韵,全在那"罥烟眉"与"含情目"中,曹公是突出特点写,而且只有在有情人眼中,她才是这样的她。你总结得太好了,而且发现了一个新的问题,就是视角问题,在宝玉眼中的她才是真正的浓墨重彩。大家对黛玉还有其他印象吗?

生:我觉得黛玉一直小心翼翼的,她跟所有人都要行礼,在王夫人那里要想好坐哪里,在跟贾母吃饭时,又学着别人尽量符合贾府的规矩。

师：她为什么这么小心、如履薄冰？

（学生沉默）

师：她在家会这样吗？

生：在家她应该不会，小心是因为她对这里是陌生的，她不知道该怎么做才合适，她也是大家闺秀，怕做错了让别人耻笑。

师：所以这体现了她怎样的性格？

生：谨慎，有点敏感，所以一直绷着。

师：说得不错，但再想一想，她为什么怕人耻笑？结合她的身份、地位和经历思考。

生：我觉得黛玉不是一直小心翼翼的。她刚来的时候确实有担心，她虽然也是闺秀，但还是怕在"与别家不同"的贾府被人耻笑，所以小心翼翼。但后来她发现贾母和其他人都非常隆重地接待她，贾母是真的心疼她，她见到王熙凤的放诞玩笑时心情也跟着放松了，而见到宝玉，内心有一种惊喜。所以她虽然表面"绷着"，但内心已经有了变化。

师：其实你们说的都对。黛玉本来确实是谨慎的，但不是"一直"。人的心理、情感是随着不断变化的经历、场景而变化的。也许在来贾府之前，她并不是这样谨慎而敏感的,那是因为什么变了,让她变成这样的?

生:身份变了,她现在是客人,寄人篱下,并且是寄居在贾府这样的家族中,而且母亲又去世了,难免有点自卑。

生:我觉得谨慎不是自卑,是自尊。她也是贾母的外孙女,探花林如海唯一的女儿,她家也是书香门第,她在家也是掌上明珠,外出本就该体现出应有的高雅举止,这是她的自尊。

师:两种分析都切中要害。林黛玉就是既自尊又自卑。因为门第落差,所以难免有些自卑,然而又因为她的教养,越有落差,越要自尊。即使贾母对她百般爱护,她还是有寄人篱下的哀伤,这都是她自尊心、自卑感、敏感性格的体现。对她还有别的印象吗?

生:很受欢迎,她来贾府,贾府上上下下都很欢迎她,而且很隆重,特别是贾母,很重视她,吃饭都让她坐在尊位,而且还让她与宝玉同住碧纱橱,一内一外。总之很受欢迎。

师:贾母是真的疼她,那其他人呢?都是如此吗?

生:我觉得不都是,王熙凤的热情,是做给贾母看的,她一连串问了黛玉一系列问题,但都没等黛玉回答,可见不是真的关心。她让黛玉有什么想要的只管告诉她,并且立刻吩咐起下人来，是在显示她的权力地位。她夸黛玉，也是为了讨好贾母。

生：我觉得王夫人就不太喜欢林黛玉。

师：哦？这是一个新的观点，你为什么这么觉得？

生：因为她一开始就嘱咐林黛玉不要理睬宝玉，说宝玉是"孽根祸胎""家里的混世魔王"，但实际上宝玉是她的宝贝，是贾府未来的继承人，而黛玉刚来就说让她远离自己的儿子，我觉得她可能不太喜欢黛玉。而且后来她也不同意宝玉跟黛玉的结合，而是极力促成"金玉良缘"，从这也可以看出她不喜欢黛玉。

师：观察得很细致，你一定看过《红楼梦》，对王夫人的了解很多。要认识一个人，除了要看外在形象、侧面评价，还要看他在不同环境中，与不同人相处时的言行，那才是人物的真容。

生 成 感 悟

感悟一：课堂的动态生成需要预设问题，诱导启发。重视课堂生成并非要轻视预设，反而要在备课过程中思考如何设问，让学生能够活跃思维，甚至要预设学生对文本可能会产生什么样的疑惑和错误，针对这样的疑惑和错误，教师需要如何引导、启发。比如课堂实录中，教师提出的问题是林黛玉的形象，那么在备课过程中，就应该预设学生可能会回答出"美丽"这样的答案，因此顺势点出侧面描写。但学生可能一时还想不出曹公描写黛玉时的匠心，这就需要教师通过追问去启发，比如用对"三春"和王熙凤的描写与其对比，突出"罥烟眉"与"含情目"的特点。

感悟二：课堂的动态生成需要抓住矛盾，因势利导。课堂上针对一个问题，学生可能会有不同的想法，对前面同学的回答也可能会有不同意见。这种矛盾是可遇而不可求的，一旦出现，教师一定要抓住，合理评价，引导学生通过挖掘文本解决矛盾。比如课堂实录中，一名学生说黛玉是谨慎的，一直小心翼翼的，这本来没错，这正是黛玉"步步留心，时时在意"的特点，课堂本来正朝着既定目标前进，但这时一名学生却抓住了上一名学生回答中的"一直"两字，细数了黛玉的心路历程，这不能不说是意外之喜。教师在此时便肯定了前者的结论，同时肯定了后者发现的变化，顺势点出了抓住心理描写品味人物的方法。此时矛盾解决，应回到主问题"黛玉的形象"中。因此，教师因势利导，追问："是什么变了,让她变成这样的?"引回主问题。

感悟三:课堂的动态生成需要引领追问,灵活调控。许多时候,学生在回答问题时,并没有思考得很深入,很多答案可能只是凭印象、凭感觉回答的。那么要想挖掘出文本的深度,教师就需要继续追问,在学生思考未到位时,通过巧妙的问题,引领其深入挖掘文本。比如课堂实录中,学生总结出林黛玉谨慎的特点,但这只是表面,要想走入其内心,就要了解其谨慎的原因,于是教师追问,但学生一时想不到,课堂陷入沉默。这时,教师不失时机地追问:"她在家会是这样的吗?"这等于在点出她的身份是客人,于是学生自然想到"环境陌生""寄人篱下",从而生出"自卑"与"自尊"的讨论。

感悟四:课堂的动态生成需要鼓励思辨,恰当评价。文学是灵动的,是包容的,是没有标准答案的。因此,在教学过程中,要鼓励学生有不同解读,培养思辨能力。但也要注意适度,虽然可以有"一千个哈姆雷特",但他们也只能是哈姆雷特,不能是李尔王。因此,在鼓励思辨时,也要恰当评价。比如课堂实录中学生对于林黛玉"一直绷着"提出不同意见,教师肯定了他的解读细致,但也同时肯定了上一个同学"谨慎"的结论,只是他"一直"两字用得不对。

写在最后

叶澜教授指出:"要从生命的高度,用动态生成的观点看待课堂教学。课堂教学应被看作师生人生中的一段重要的生命经历,是他们生命的有意义的构成部分,要把个体精神生命发展的主动权还给学生。"

传统课堂视课堂生成为节外生枝,新课堂则应该视生成为价值追求。课堂的动态生成不该只是一种意外,而应该是一种常态。教师应该运用自己的教学智慧,去引导学生深入体会文本,启发学生进行个性化阅读,在他们产生不同意见时给予引导,必要时进行追问,并对学生的思考进行评价。这样,课堂才能变成学生启发思维的乐园。

刘 婧

黑龙江省伊春市第一中学

难以忘却,你的那双眼

——《祝福》小说课堂教学生成之美

写在前面的话

著名教育家叶澜教授曾做过这样精辟的论述:"课堂教学应是向未知方向挺进的旅程,随时都有可能发现意外的通道和美丽的图景,而不是一切都必须遵循既定线路而没有激情的行程。"课堂教学是通过既定的路线达成教学目标,但我们面对的学生是一个个有思想、会思考的人,"一千个读者就有一千个哈姆雷特"。那么,如何按照既定的路线,去发现意外的美景——关注课堂的惊喜变化，捕捉学生的灵动生成，为课堂增亮添彩，使得课堂具有激情与生命，这是值得认真思考的话题。

课堂教学不仅是知识学习的过程，还是师生同行的生命历程，它五彩斑斓、生机勃勃、活力无限。这个历程需要一双双能发现问题的慧眼；需要一个个能碰撞出火花的思维；更需要一次次随机而又灵动的生成。若能如此，我们的课堂才能真正地"活"起来。但我们常常忽略了这些，从而使我们的行程失去了本该拥有的一道道亮丽风景。

语文课堂正是一次师生"寻幽探胜"的旅程，我们不求寻找到心中理想的"桃花源"，但求能够捕捉到沿途的别样风景，即使是暗香浮动的幽远深沉，抑或是瞬间绽放的美艳动人，都是那样的弥足珍贵。因此，对于精心预设与意外发现，相机引导与潜力挖掘，预设与生成完美融合，我们要特别关注并内化为一种自觉。

在《祝福》一课的教学中，我努力地去引导与启发，关注学生的灵动生成，最大限度地去挖掘学生的潜力，和学生一同体验未曾有过的人生经历，全面分析祥林嫂的人物形象，使得课堂教学朝着纵深处前行，教学相长！

课堂实录

师：读小说就是经历一段我们不曾经历的人生。我们对祥林嫂的人生已有了初步的了解。若要全面地认识她、读懂她，应该从哪些方面入手呢？

生：从人物的外貌肖像、言行举止以及神态等方面入手。

师：有道理，那文中有关祥林嫂的描写，是否一成不变？

生：衣着没有变化。祥林嫂初到鲁镇时"头上扎着白头绳，乌裙，蓝夹袄，月白背心"。再到鲁镇时"她仍然头上扎着白头绳，乌裙，蓝夹袄，月白背心"。"我"最后见到她时，虽无衣着的描写，她可能还是这身穿着，只会更破、更旧甚至更脏。

生：祥林嫂初到鲁镇时脸色青黄，但两颊却还是红的。再到鲁镇时脸色青黄，只是两颊上已经消失了血色。临死之前，脸上瘦削不堪，黄中带黑。

师：不错，同学们看得很仔细，有同有异。还能不能再找出一些变化来？

生：我看到第一次的眼睛是"顺着眼"，第二次是"顺着眼，眼角上有泪痕，眼光没有先前那样精神了""直着眼"，最后，变成了"她瞪着我的眼睛的视线了""眼睛忽然发光了"和"她的眼钉着我的"。眼神的变化，有助于我们对她有更充分、更全面的认识。

师：的确，眼睛是心灵的窗户。她的内心世界究竟怎样？大家能否给予充分的解读？（**留给学生充分的时间去阅读、思考**）

生：初到时"顺着眼"，她只是一个农村劳动妇女，来到鲁四老爷家中，自觉身份卑微，不敢正眼望。

师：有道理，轻视自己，是她给自己悲惨命运增添的一个砝码。

生："顺着眼"，刻意地躲避，略显局促与不安，因为她是逃出来的。她还是有自尊心的，她不愿别人对她有看法。

生：这是她一贯顺从的表现。她一直都在这样的状态下生活，是她性格中的弱点。

师：好，逆来顺受、绝对顺从的性格，为她后来的悲剧起到了助推作用。

生：她是个好劳力，想留下来做工，但又怕留下不好的印象，想讨好但无计可施，只能"顺着眼"了，是她的聪明与可爱之处。

师：为祥林嫂点赞。这种聪明与可爱，我们应该有一种"含泪的微笑"的感觉。这种"顺着眼"的可爱还有没有？

生：她真心希望能安定下来，她对今后的生活抱有很大的希望，她是坚强的、可敬的。

生：虽然"顺着眼"，但眼神还是有神采，有灵魂的。

师：依此，她日后的生活肯定会好起来的，但并非如此，大家从她再到鲁镇时的眼睛里又能读出什么呢？

生："顺着眼，眼角上带些泪痕，眼光也没有先前那样精神了"，一连串的打击，她十分悲伤和压抑，所以就不会像初来时那么精神。

生："直着眼，和大家讲她自己日夜不忘的故事"，她想要获取别人的同情和怜悯，但人们却是冷冰冰的，她沉浸于悲痛之中，根本无心去顾及别人对她的态度。

生：祥林嫂就如同一艘触礁的小船，被狂风巨浪左右拍打，她在一步步地向那要吞噬自己的无底深渊靠近。

师：为以上几位同学鼓掌。同学们都看到了祥林嫂的无可奈何，并能以精彩的语言表述出来。还有没有不同的意见？

生："她单是一瞥，并不回答一句话"，是她对自己尊严的极力维护，内心虽然极度悲伤，但她并非完全麻木，还是有意识、有思想的。

师：很好，祥林嫂是坚韧的，既然无人理解自己的痛苦与感受，那还不如活在自己的世界里。

生：祥林嫂，我懂你，你的那句"真傻"，你的泪，你那看似无光的眼神，却是你内心的最强音。你纵然伤悲，你自责，你痛苦，你的眼神是求救的信号，祈求有人救你于痛苦的万丈深渊。但你依然心存希望，想要在这个给你太多痛苦的世界里活下去。愿你眼中不再阴云密布，抹去灰暗，让阳光照亮你的内心，即使疯癫，那也快乐！

师：老师已被同学们的灵动思想与精彩表达折服，永不放弃的祥林嫂，让人敬佩。祥林嫂真的疯癫了吗？文章还有没有对她眼睛的描写？

生：有。"我"见到她时，她"瞪着眼""而且眼神已消尽了先前悲哀的神色，仿佛是木刻似的，只有那眼珠间或一轮"。这完全是一种疯癫之人的神态。

生：我不同意这种观点。"我"还看到了祥林嫂"她那没有精彩的眼光忽然发亮了"以及"她的眼钉着我"等眼神，可见她并未疯癫。

师：很好，我们的课堂就要有这种质疑的精神，希望大家踊跃发表见解。

生：她的"瞪着眼"表明她已经彻底麻木了，眼神呆滞，已经没有了生机。

生：鲁镇的一切似乎已经与她毫无关系了，一切都已无所谓了。

生："每个人心里都有一团火，路过的人只看到烟"，很适合此时的祥林嫂。

生：我认同上面这位同学的观点，从她的"眼睛忽然发光了"和"她的眼钉着我的"可以看出，她还是心存希望、有所寄托的，想得到她心里一直疑惑的答案。

师：她在疑惑什么？

生：疑惑死后有无魂灵。祥林嫂虽听从柳妈的建议捐了门槛，但她的境遇并未改变，命运并未转机，于是她便思考死后的问题。

师：有道理。祥林嫂生命态度有了一大转变，不知同学们有无捕捉到？

生：（齐声道）有。

生：祥林嫂关注的重点已经由"生"变为"死"。

生：希望已经破灭，活着已不可能，唯一的选择只能是死。

师：一个人肉体死了并不可怕，可怕的是精神灭亡。

肉体、精神等所有的痛苦都压在了祥林嫂一个人身上，她一直在默默地承受，人们都在有意无意地增加她本已超负荷的砝码，她已无法承受，她终于死了。通过眼睛，我们经历了祥林嫂那段令人唏嘘的人生，认识了这个人物，剖析了她的动态性格。她虽然死了，但我们永远不能忘却的是她的那双眼。

生成感悟

感悟一：课堂动态生成强调用心预设先知、生成丰富空白。打个比方，课堂教学就像"精选一粒种子，长成一根主干，伸开根根青枝，萌发片片绿叶"。这种树式的课堂结构，很明显地体现出教学就是一个动态的过程，这样的课堂也就成了真正"活"的课堂。由预设到生成，理解不断深入，教与学有共识并最终有所得，这也正是我们要努力追寻的美的东西。如课堂实录中，"眼睛"就是精选的"种子"，通过眼睛去探析人物的内心世界便是"主干与青枝"，而学生解读出祥林嫂自我的性格诸多缺陷中又有着坚强、理智等可爱、可敬的性格的生成，都在不断丰富着我们预设的空白。

感悟二：课堂动态生成注重尊重赢得信任、平等促成对话。尊重是前提，平等是关键。只有信任，学生才会真正参与；只有平等，师生才能对话交流。这样，教师要做好"平等中的首席"，给每个学生以"脚手架"的方式为他们搭建知识的平台，学生才能在教师的组织与引导下走进文本，并将这种学习内化为一种本能的需求，从而实现课堂真正的一种智慧的对话，生命的交流。课堂实录中，"同学们看得很仔细""我们的课堂就要有这种质疑的精神，希望大家踊跃发表见解""为同学们折服"等评语，认同了学生的观点，让学生体会到自我存在的价值。因为平等与尊重，交流与对话就显得自然充分。

感悟三：课堂动态生成讲究周密设问引导、合理设置梯度。以问题引入，引导学生思考，合理设置梯度，恰当处理梯度与深度的关系，加深学生对文本的理解，力促课堂有度且精彩的生成。课堂实录中，"应从哪些方面入手去认识读懂人物形象？""能否再找出一些变化与不同来？""她在疑惑什么？"等问题，由易到难，由面到点，便于学生思考与生成。

感悟四：课堂动态生成需要渗透师生情感、融进生命体验。课堂教学就是师生与文本语言的对话，与人物心灵的交流。要想真正走进人物的内心世界，就必须融进生命的体验。课堂实录中，学生"她还是有自尊心的""每个人心里都有一团火，路过的人只看到烟""愿你眼中不再阴云密布，愿你抹去灰暗，让阳光照亮你的内心，即使疯癫，那也快乐"等观点，可见学生能将自己的生命体验延伸到祥林嫂身上，深刻而动人。

感悟五：课堂动态生成追求回归语文本真、培养语文能力。语文是"语言"和"文字"，本真就是培养学生运用语言文字的能力。课堂实录中，以文中有关描写祥林嫂的眼睛的句子为抓手，引导学生反复品味语言背后所蕴藏的内涵，学生在生成丰富观点的同时，还能以形象化、文学化的精彩语言加以概括并表达，由知识到能力，有效有得，难能可贵。

写在最后

崔峦教授指出："阅读教学的过程，是学生获得个体体验和感受的过程；是学生、教师与文本的对话，思维碰撞和情感交流的过程；是学生不断实现自我建构、学会阅读和促进表达的过程；是学生从生疑、解疑再到生疑的过程。"

　　小说教学便是这样的一个过程，而且小说教学最好的境界是让学生若有所思、若有所悟、怦然心动、潸然泪下，这种境界的背后，自然离不开动态的课堂，更离不开学生智慧的生成。

　　经典可能需要我们用一生去阅读和感悟的，但请不要畏惧，只要我们能真正地走进文本，认真地体验一段不曾经历的人生，探索文本的自我未知，生成智慧的火花，就能将我们的课堂教学变成一次精彩的旅程，不断地发现意外的美，并让这种美成熟于课堂的每个主角，浸润于课堂的每个角落！

张云清

陕西省宝鸡市陈仓区虢镇中学

落霞与孤鹜齐飞,秋水共长天一色

——《装在套子里的人》教学生成之思

写在前面的话

一节好的语文课堂,教师应引领着学生在"风光旖旎"处慢慢欣赏,在"曲径通幽"处细细品味。要达到这样的效果,语文教师离不开课前预设,更离不开课堂生成。预设和生成,两者相辅相成,不可分割:只有预设,没有生成,课堂就很容易成为教师的秀场,虽然光彩照人,但总是缺乏一种活力;只有生成,没有预设,课堂就有可能显得杂乱无序,虽然活力无限,却总是少了一份厚重。

虽然这样,但是从教学实际来看,很多语文教师还是只重预设,忽略生成,只重自己,忽略学生,按照自己的教学设计按部就班地讲解,循规蹈矩地推进。学生提出的问题,发表的观点,教师要么敷衍塞责,要么不去理睬,要么大喝一声、当头一棒,不允许课堂教学与课前预设出现半点偏离之处。长此以往,学生轻则热情减少,重则兴趣全无。

因此,在课堂教学中,语文教师应在预设的前提下,根据课堂的实际情况,灵活大胆地突破预设,适时恰当地抓住课堂动态生成,引导学生积极参与到课堂中来,师生对话,生生对话,发表观点,阐述理由,理解文章,形成感悟。这样的课堂,才是真实的,这样的教学,才是有效的。

课堂实录

师:本文题目是"装在套子里的人",请问,在别里科夫身上,有哪些典型的套子?

生:穿戴中的套子。比如他把雨伞装在套子里,把表放在套子里，把小刀装在套子里，他的脸也好像蒙着套子，他戴黑眼镜，用棉花堵着耳朵眼，他坐马车总要叫马车夫支起车篷，这些句子都表明他生活中穿戴上的套子。

师：还有吗？

生：他只有政府的告示和报纸上的文章，其中规定什么，他才觉得一清二楚。凡是违背法令、不合规矩的事，他总是闷闷不乐。这些句子都表明他思想上的套子。

师：这两位同学能够从文章中找依据，并且形成自己的观点，这种提炼、分析、概括的方法很好。我想问一问同学们，除了这两种套子，他身上还有套子吗？

生：……

师：刚才大家说到的"套子"都集中在小说的前半部分，同学们再看小说的后半部分，看作者重点写的是哪方面的内容呢？

生：别里科夫恋爱。

师：火眼金睛啊。

生：我觉得别里科夫身上最典型的套子应该就是恋爱中的套子。如果说他自觉维护的是前面两种套子的话，那么恋爱套子却使他"昏了头"，准备和华连卡结婚，但最终在漫画事件、骑自行车事件、坠楼事件之后，在华连卡的纵声大笑中一命呜呼。他身上的层层套子可以包裹住他的躯体,却保护不了他不堪一击的灵魂,恋爱风波的层层冲击,让他最终无法承受,走向死亡。小说中写他的恋爱事件虽然给人的感觉滑稽可笑,但是也让人觉得可悲可怜。

(学生鼓掌)

师:说得有见地,可见你对小说的内容阅读得很仔细。别里科夫是一个可悲可怜的人物,本应该值得人们同情,但当他死后,人们对他的态度是怎样的呢?找一找小说中有没有表达了对别里科夫的情感态度的语句?

生:文章的第一句话:"我的同事希腊文教师别里科夫两个月前才在我们城里去世。"

师:你觉得这句话表达了对别里科夫怎样的情感?

生:我感觉这个句子体现了对别里科夫深深的厌恶之情。

师:何以见得?

生:这个句子中有一个"才"字。我觉得这个"才"字的准确使用,要说的意思是别里科夫死得太迟了,应该早点死。人们都盼望他早死,可见他让人生厌。

师:哦,原来一个字,就可以清晰地表达出情感。你读书读得很仔细,不错。

师：表达对别里科夫情感的句子在本文中还有吗？

生：埋葬别里科夫那样的人，是一件大快人心的事。

生：我们高高兴兴地从墓园回家。

师：大家找得很准，既然人们如此这般地讨厌别里科夫，那同学们觉得别里科夫是一个怎样的人呢？

生：我觉得他是一个因循守旧的人，他总是歌颂过去，歌颂那些从没存在过的东西。

生：现实生活刺激他，惊吓他，老是闹得他六神不安，以及他一上床，就拉过被子蒙上脑袋，且在被子底下战战兢兢，这些句子说明他是一个胆小多疑的人。

生：他经常会说"千万别闹出什么乱子"，以及他对骑自行车的态度，明显表现了他反对新事物的特点。

生：别里科夫不仅将自己装进套子里，而且也要把别人装进套子里。"凡是违背法令、脱离常规、不合规矩的事，虽然看起来跟他毫不相干，却惹得他闷闷不乐。"这也足以说明他是一个地地道道的沙皇卫道士代表。

（学生热情高涨，议论纷纷）

师：同学们都能立足小说内容，根据自己的分析，说出别里科夫的形象特点，很好。老师一直在思考这样一个问题，假如别里科夫和华连卡结了婚，他的命运又会怎样呢？

生：……

师：别里科夫是一个因循守旧、胆小多疑，维护旧事物，害怕新事物，反对变革的人；华连卡是一个充满生命活力，敢想敢做，勇于接受新事物的人。思考刚才这个问题，大家首先考虑一下别里科夫和华连卡有没有调和的可能性。同学们不要担心，只需要根据阅读和理解，发表自己的观点就行。

生：我觉得别里科夫如果和华连卡结婚，他将会慢慢扯烂身上的套子。因为华连卡热情活泼，具有新思想，充满着生命的活力，她敢说、敢想、敢做，她的出现，会给别里科夫沉闷的生活带来生机，在这种影响下，别里科夫将会慢慢改变，挣脱他的套子。

生：我不同意这种看法。作为一名普通的教师，别里科夫"把整个中学辖制了足足十五年"，可见他对学校思想的辖制何其深重。管辖、控制等思想已经在他的内心根深蒂固，因此，他不会因为一个华连卡而改变自己，估计会性格不合，直到离婚。

生：我想他既然结婚，一定不会离婚的。"千万别闹出什么乱子"这句话已经成为他的口头禅，言为心声，这足以说明他胆小怕事、惧怕新事物的特点，因此，他当然不会离婚，但他的结局依然是死亡。因为他既没有能力去改变华连卡，又没有勇气去离婚，所以他必定会整天生活在抑郁、痛苦、恐惧、悲凉之中，无论结婚与否，他的死将是必然的。

（学生鼓掌）

师：同学们，学到这里，对于我们来说，重要的是他给我们留下了一个"套子"的话题，这种套子或许是虚荣，或许是名望，抑或是金钱，可以说，它无处不在，它具有禁锢社会、束缚人们思想的特征。从某种意义上来说，套子是阻碍社会进步、个体发展的绊脚石，我们每一个人，都应不断革新思想，打破禁锢我们的套子，只有这样，我们才能重获新生。

生成感悟

感悟一：课堂生成须以预设为基础。古人云："凡事预则立，不预则废。"课堂的生成基于充分的预设。教学其实并不排斥教师在课前根据学情进行精心的预设，因为预设是为了更好地生成。一堂注重平等、关注学生、不枝不蔓、引导得当、真实自然、充满活力的生成之课，永远离不开删繁就简、恰到好处的预设。预设重在突出课堂教学内容的精准选定，侧重的是教学目标的达成，从这个角度来讲，预设是生成的"纲"，教师只有围绕教学内容，恰当地预设，课堂才能达到"纲举目张"的效果。以课堂实录为例，课堂教学内容集中于准确把握别里科夫这个人物形象，因此为了达到这一教学目的，教师预设了三个问题：一是别里科夫身上都有哪些套子？二是哪些语句表现了人们对别里科夫的情感态度？三是别里科夫是一个怎样的人？这三个问题从易到难，环环相扣，让学生立足小说主要内容，提炼、筛选、概括、表达，在师生问答中循序渐进地完成了主要教学内容。

感悟二：课堂生成须以学生为关注对象。教师在课堂教学中，虽然要以预设为"纲"，却不能"照本宣科"，不能让课堂成为教案的有声场，而要把学生放在第一位，心中有方法，眼中有学生。教师要能看到课堂中随时出现的意料不到的情况，在课堂上学会及时捕捉并充分利用生成的资源，关注学生在课堂上的反应，认真倾听学生的回答，尊重学生的个性化解读，根据课堂的突发性"事故"，运用自己的教学机智，及时调整预设的教学流程、教学方式和教学内容。教师只有将学生放在第一位，才能及时地捕捉课堂上出现的各种动态的资源，才能形成生成性的语文课堂。课堂上，教师在带领学生分析出别里科夫的形象特点后，看到学生对别里科夫这个人物形象很有兴趣,于是在预设之外,依据小说结局,延伸教学内容,生成一个问题:假如别里科夫和华连卡结了婚,他的命运又会怎样呢?学生依据别里科夫和华连卡的形象特点,自由发表自己的观点,阐述持此观点的理由,开展了适时的课堂讨论。教师通过生成的教学环节,开展了融洽的、和谐的生生、师生对话,引导学生深入性地思考,个性化地解读,在把握人物形象和小说主题方面,起到了积极的作用。

感悟三:课堂生成还须以引导为主要方法。课堂教学中,虽然学生是学习的主体,但教师不能忽视自身的主导作用。因此,课堂教学中,注重生成的教师都会以引导作为教学的一种必要的方法,比如一个问题,一次讨论,一回探究,教师都要及时、恰当地设计、组织、引导、开展,只有这样,才能体现一名教师驾驭课堂的机智,才能给课堂动态生成创造条件,才能为学生更好地表现提供广阔的舞台,"邂逅"课堂生成,演绎教学精彩。比如,在课堂教学中,学生共出现了两次沉默,教师在学生出现沉默后,便迅速对问题做了调整,引导学生切入问题,最终使得学生明白后纷纷作答,顺利地推进了课堂教学。出现如此情况,究其原因,学生要么是对文本还有一些生疏,要么和问题还有一定的距离,但无论哪一种,"沉默"现象出现后,教师应另外选择一种角度,一种切入点,要么给学生充分的思考时间,要么转换一种表达方式,要么循循善诱地引领学生切近问题,如此巧妙引导,使得语文课堂充满灵气活力,蜉蝣变化,铺垫了课堂教学的动态生成。

写在最后

课堂是思想碰撞交织的场所,教师在充分预设的前提下注重课堂教学中的动态生成才能上出好课。但课堂没有预约的精彩,精彩出自每一个教学细节,捕捉一个细节有时就能生成一个精彩的环节,忽略一个细节,有时就可能毁灭一堂精彩的课。课堂生成是一种教学资源,精彩生成是学生与教师、学生与学生、学生与文本对话、碰撞、共鸣激起的美丽浪花。

因此,教师应克服传统课堂教学过分强调预设带来的弊端,将预设和生成有机统一,在"粗线条"预设的基础上,关注学生,看重生成,本真教学,使课堂教学焕发出生命活力。唯有这样,或许才能达到"落霞与孤鹜齐飞,秋水共长天一色"的语文课堂教学之佳境吧!

王 成

陕西省宝鸡市石油中学

你若深情，花必绚烂

——《一碗阳春面》教学生成之美

写在前面的话

苏霍姆林斯基说："让学生面临问题，因为问题能唤起强烈的求知欲。"教师的智慧，不只是富有知识性的执教行为，课堂上还要呈现出这样一种状态，这种状态是师生之间真情交融、用心投入并共同参与，达成真、善、美的和谐统一，教师和学生都从自觉走向自由忘我、探求智慧的本真境界，生生互动，师生互动，在动态中渐渐绽放生成之花。

一节语文课,课上随着学生阅读文本的投入状态、学生逐渐提高的积极性、不断活跃的课堂气氛,课上生成之花绽放之绚烂有时候远远超过我们的预设目标,这时候,师生的生命仿佛在欢腾,思维仿佛在奏响最感人肺腑的乐章,也仿佛是呐喊的号角声声。

精心设计问题,会收获用一根火柴的力量,去点燃一片森林的效果,课堂因为学生收到了最渴求的问题而生成熊熊烈火。每一个学生在生成的教学之美中享受互动带来的启迪和个体获得成长的愉悦。

在《一碗阳春面》的教学中,我注意发现和启迪,保持了课堂的动态生成,师生也因此获得了小说之内外的力量。

课堂实录

师:同学们,读了《一碗阳春面》,你有触动吗?

生:老师,我觉得面馆的老板、老板娘很让我感动。

生:老师,我最感动的是面馆的老板、老板娘在帮助别人时不忘给别人留尊严。

生:我最感动的是那个画面:"可面馆的叔叔阿姨

还是很热情地接待了我们，谢谢我们，祝我们过个好年。听到这声音，弟弟的心中不由得喊着，'不能失败！要努力！要好好活着！'因此，弟弟长大成人后，想开一家第一的面店，也要对顾客说，'努力吧，祝你幸福，谢谢。'弟弟大声地朗读着作文……"

生：老师，我觉得这段话里哥哥和弟弟很让我感动，他们那么懂事，老板和老板娘实在是太善良了。做人感恩很重要，做人善良很重要。

生：老板娘领他们母子靠近暖气的二号桌，这个细节让我非常感动，小事情里看出老板娘对母子三人的同情和关心。

师：那帮助母子三人的老板过得好吗？

生：好，"随着北海亭面馆的生意兴隆"，店内重新装修，桌椅都换了新的，店面扩大了，来吃面的人越来越多，北海亭面馆成为这条街商会的主要成员。我真的挺羡慕老板、老板娘的，做生意做得这么温暖善良，做得这么好，将来我如果做生意，也做一个温暖的老板娘，很幸福！（微笑）

生：我认为，老板、老板娘人很真诚，可也很会做生意，来面馆吃饭的人肯定很多，可为啥偏偏照顾母子三人，为啥偏偏留着二号桌？

师：为什么呢？

生：老师，你看文章中母子三人出场时的描写。

就在最后一位顾客出了门，……女人却穿着不合时令的斜格子的短大衣。

"欢迎光临。"老板娘迎上前去招呼着。

"……唔……阳春面……一碗……可以吗？"那女人怯生生地问。

那两个小男孩躲在妈妈的身后，也怯生生地望着老板娘。

生：老板和老板娘从母亲穿戴不合时宜的短大衣里，从怯生生里看出了母子三人的困境，尤其那两个孩子，躲在母亲身后，真的很可怜。我还是很佩服老板夫妇的大善，帮助母子三人又不伤害母子三人的自尊，给别人尊严，也给了自己尊严和人格，你看他们夫妇在日复一日的等待中，生意越做越好。

师：你的意思是，他们帮助别人的同时，也帮助了自己，是吗？

生：是，弟弟被美好的祝福激励"不能失败，要努力，要好好活着"。所以，人有善心，但也要有帮助人的方法，还有，老师，你没发现他把母子三人的那种困境中吃一碗阳春面的勇气和精神也化作他们自己经营的动力了吗？二号桌被放到正中央，成为幸福桌。

师：好，二号桌都激励了哪些人呢？

生：老板、老板娘这个不用说了，还有蔬菜店的老板和来北海亭面馆吃面的广大顾客。蔬菜店老板急切的提醒和广大顾客的掌声和理解，他们也和老板、老板娘一样心存善念、富有同情心，他们在同情母子三人的时候，自己也被激励着，那个场景，也让我觉得那是一个温暖的人间，社会是和谐和美好的。

师：说得太好了，那么，母子三人身上究竟有着怎样的感人力量呢？

生：老师，我觉得那两个孩子特别孝顺，很体贴他的母亲，弟弟给母亲夹了一筷子面放到母亲口中，弟弟的那篇作文，哥哥替母亲开家长会，去送早报晚报……老师，我觉得孝顺的孩子都挺有出息的，我以后一定孝顺我爸我妈，他们也很不容易，真的。

生：老师，我觉得人在困境中时，一定要努力，即便再大的困难，只要努力，就一定能"柳暗花明"，人得奋斗，你看哥哥和弟弟最后都有出息了，欠的外债一家人也还完了。

生：老师，我觉得人应该注意交通安全，如果不是他们的父亲出了车祸，一家人怎么会这么可怜，他们失去亲人的痛苦不比艰苦奋斗轻松。

师：说得好！老师为你们点赞。同学们，你们想知道老师最为感动的是什么吗？

生：我知道，是母亲，对吗？母亲很坚强，很勇敢，很不容易，要承受失去丈夫的痛苦，要承担抚养两个儿子的重担，还深深地爱她的两个儿子。

师：说得特别好。还有吗？（沉默）

师：我想说，这是一个伟大的母亲。欠债还钱，坚强，能吃苦，疼爱孩子，不卑不亢，一个伟大的母亲，就像一个英雄一样，能拯救她的孩子，她的家庭，她的未来，由此而拯救了更多的人，甚至一个民族。

生：对，你看北海亭面馆，那最后的场面，温暖，团结，上进，特别感人。"人间有味是清欢。"嗯，就是这样。

师：好，遇到困难，别怕，奋斗，总会有出头之日。

生：对，老师，我就这样想的，越是在困难的时候，越要奋斗，不放弃，一定能走出来。

师：今天，我们还应该看到，我们班的同学真的很真，很善良，很有见地。今天，更应该看到，我们因为一同探讨《一碗阳春面》的力量，而收获了温暖和奋斗的脚步。

生 成 感 悟

感悟一：教师是课堂生成的设计者，要抓住最佳生成点，促进课堂生成。比如，如果这篇小说从分析人物形象角度设计问题，学生也会去分析，去发表见解，但很快就会进入索然状态，学生蓬勃向上的状态中途遇冷，课堂生成受到阻碍，因势利导的"势"头很难东山再起，"利"也会因此受损。可如果设计为"读了《一碗阳春面》，你有触动吗？"学生刚刚读了小说，有很多的感动就堵在心口，不吐不快，老师的这一个问题刚刚抛出，就像一颗石子抛向湖面，瞬间波澜涌动。学生们举手发言，各抒己见，相互启发，越说越激动，有的学生流着泪水发表看法，思想情感的相互碰撞，使得整个课堂生成不断。这个时候，一节语文课的意义，远远超过了三维目标的意义，每一个学生在这节课上生成的美好情感和善良的品质，懂得给别人留有尊严的意识，会生成真善美，和不可低估的力量。

感悟二：教师要与学生互动，及时鼓励，因势利导。语文教师的智慧，会直接影响学生的智慧，一节成功的语文课需要一个课前的精心设计。比如，课堂实录中的第一个问题的设计，目的是激发起学生积极思考、踊跃发言的兴趣。还有课堂实录中学生回答"一碗阳春面的力量"也是在预设之中的。成功的预设会收到意想不到的课堂效果，让语文课回到生命的本真，思考，热爱，激情，澎湃。而所有的设计都可视为计划，是我们做这件事的总体目标和方向，计划的实现是在动态中逐渐完善的。课堂上，教师要和学生互动，为学生的回答喝彩，鼓励个性发言，比如课堂实录中"说得好！老师为你们点赞"，老师在这里对学生发言的赞，学生会思考赞的原因。这个赞之后，学生发言内容又推出新意，使得整个课堂高潮迭起，焕发着生命的力量和闪烁着善良智慧和理智的光芒。老师的肢体语言、表情、神态、眼神，都是无声的，却也是最敏感的，处理得好，都会构成燃点，点燃学生思考发言的热情，给他们以灵感，生成师生间默契的互动，生成课堂上小说人物形象最明艳的一幕。

感悟三：借助教学本身完成教学之外的教学。语文教学每节课所承载的内容首先是应该教授的内容，可如果一节语文课，只为教知识而教学，那么这节课一定会显得有些无趣。一节成功的语文课，知识在课内，可也要看这节语文课对学生产生多少美，比如课堂实录中，在启发引导拔高中，完成了对小说中人物形象的分析，对小说主题思想的探析，也完成了对学生人格的塑造，对美的追求。这是一节燃烧着真善美和爱的课堂，学生在温暖的学习中，获得了温暖和爱，从对老板、老板娘的一次次探讨中，对母子三人探究的激烈发言中，收获了真善美的力量，课堂生成之花绽放。在学生的生命里，岁月里，甚至会在某一天的哭泣里，想起这一课，想起他自己说过的话，或许会用微笑面对，然后默默奋斗。

感悟四：掌控局面，灵活调整，在有限的时间里生成无限。课堂实录中，当班级的气氛非常活跃时，教师要抓住机会，掌控局面，灵活调整。语言、语调、语气、情感，都要和学生的情感、情绪、思考、表达相融，相生，促进课堂教学在有限的时间里，无限生成。

写在最后

特级教师沈大安说，课堂教学要给学生自主学习的空间，将"预设"和"生成"结合起来，好的课堂效果也只有在师生互动中才能生成。

教师在预设时，首先对知识识记理解，对形象分析，对问题探究等要熟知，小说是生活的文学，读者越是贴近作品，感受也会越真切。教师对作品要有最本真的理解和感悟，然后找准理解的切入点，做最易燃的预设。课堂上，教师如果用最精练的语言和最真情的态度以及最为丰富的情感，和学生一同走进作品，走进学生的世界，去理解、鼓励、点播学生的智慧，点燃他们的思想智慧的火花，那么这节课我们的预设就会生成火花，照亮每一个学生，照亮整个课堂和学生学习的乐趣，使得要解决的问题在动态教学中得以最大化地解决和生成。

教师的一个精心的预设，可能会成为学生一生的财富，因为课堂的动态里蕴藏着显性和隐性的美，如语言和形象之美是学生能听到和感受到的，可课堂上的相互交流启发碰撞而生成的心灵美、情怀美、人性美，隐含在学生的身心愉悦中，或陶冶学生的情操，或砥砺奋斗的意志，或安然做最美丽的自己，或由此有了不一样的胸怀，博大励志，又脚踏实地。

课堂之美，美在预设，更在生成，如春之播种希冀，如夏花之光明夺目，在最深情的期待里，迎来生命绚烂。

张丽英

黑龙江省绥芬河市高级中学

有些鸟儿注定不会被关在笼子里

——《最后一片常春藤叶》生成之思

写在前面的话

"学生的每一次切入,对于老师的预设来说,都可能是一次旁逸斜出。对待旁逸斜出,好的教师应该发挥机智,善于互联,长于聚焦,像朱自清先生那样在走过曲曲折折的荷塘之后还能推门回家。"(李仁甫《课堂的风景和语文的边界》)生成课堂的自然灵动,建构在教师丰富的阅读经历和丰厚的教学智慧之上,教师要善于发现并撬动课堂的支点,要允许和鼓励学生犯错误,因为学习的意义在于创造,而不是严谨,错误有可能是创造,正确只会是模仿。当学生摆脱怕错心理,课堂思维被激发,学生就会有所创新。当学生的"旁逸斜出"离开直奔主旨的通衢干道时,常常是在文章的关节处或者矛盾的纠结处,抓住这个点突破,常常能切中肯綮,事半功倍,收获不可预约的精彩生成。

教师不必做课堂的急行军,与其避开矛盾衔枚疾走,不如停下来,慢慢咂摸咀嚼。肖培东老师说:"正确的出发都是走窄门,窄门里的行走,才最贴近自己的心灵,才是语文之旅的深入探访。"所以好课给人的感受是"初极狭,才通人,复行数十步,豁然开朗"。教学与学生,学生与文本,教师与文本,碰撞生成,误打误撞,经过千回百转,终于曲径通幽,发现桃花源里的别样风景,发现语文课堂的奇伟、瑰怪、非常之观。在教学《最后一片常春藤叶》时,我惊叹于学生的灵动生成,感慨和珍视本课的生成果实,特辑录以下课堂实录与同人共享。

课堂实录

(复述故事,解读文本)

师:请同学们用两句话讲述小说的故事情节,并且两句话里都要包括课文的题目"最后的常春藤叶"。

生：琼珊因肺炎而生命垂危，她把生命维系在最后的常春藤叶上；老画家贝尔曼在风雨交加的夜晚画了最后的常春藤叶，挽救了琼珊的生命，却失去了自己的生命。

（既是预习成果的展示，又训练了学生的概括能力，新颖的形式也会引起学生的兴趣）

师：贝尔曼竟然因为画这片叶子而染上肺炎死去，这样的结尾确实是意料之外的，是不是在情理之中呢？

生：治好了琼珊的病，琼珊把自己生的希望寄托在叶子上，而最后一片傲然挺立的常春藤叶给了琼珊鼓舞，她重新有了生存的信念。

师：真的是这片常春藤叶使琼珊获得了生命吗？从原文来看琼珊是怎样一个人？

生：有艺术理想，"她希望有一天能去画那不勒斯海湾"。

生：热爱生命，"一向很喜欢常春藤"紧张而认真地数落叶，"不想活下去是个罪恶"。

生：曾经失去对生存的勇气，"我想摆脱一切，像一片可怜的、厌倦的藤叶，悠悠地往下飘，往下飘"。

师：叶子竟然是假的，为什么会没有看出来？

生：琼珊没有看出来是因为距离太远，只能卧床观看；病情严重,高烧导致神志不清,所以琼珊没有看出来。

生：叶子画得很逼真。

师：贝尔曼为什么会去画,他是怎样一个人？

（一位学生读文章,其他人思考,在这一节中,贝尔曼有什么特点）

生：失意、暴躁、唠叨、酗酒、相貌怪异、爱讲大话、善良。

师：为什么会酗酒？失意苦闷应该是自顾不暇的,但他却不遗余力地帮助别人？

生：贝尔曼善良、热心,照应了上文的"看家恶狗"称琼珊为"小琼珊"。

生：正是有了这样的性格特点,才有了舍己为人的义举。

师：贝尔曼是一个平凡的甚至有点讨厌的外表下有一颗火热的、金子一样的爱心,穷困潦倒仍无私关怀、帮助他人,甚至不惜生命代价的失意老画家。

师：为什么会染上肺炎,为什么只有两天就死去了？

生：肺炎在艺术区蔓延,"在这错综复杂、狭窄而苔藓遍地的'巷子'里,他的脚步却放慢了"。

生：贝尔曼的年龄和身体状况,60岁开外、酗酒、充血的眼睛总是迎风流泪。

生：贝尔曼在暴风雨中画上的藤叶。

（符合生活的真实，做足了情节上的铺垫）

师：这个意料之外的结局符合生活的真实，符合人物性格，符合情节的发展，是在情理之中的。这也是欧•亨利小说的一大特色。这样结尾有什么好处？

生：情节上，设置悬念引起读者的兴趣。

生：人物形象得以丰满，品质得以提升，使我们发现了贝尔曼粗鲁的外表下有一颗善良的心，前后的对比更震撼人的心灵。

生：主题得以升华，琼珊从绝望到希望的逆转让我们体悟到坚强的信念是生命赖以延续的精神支柱。贝尔曼的死与琼珊的生，让我们体会到普通人患难与共的人间真情。

师：说得太好了。贝尔曼的这幅常春藤叶画是一幅以生命为代价而完成的永不凋落的杰作，令人回味无穷。

师：反复读这篇小说，有一个疑问始终萦绕不去："一片叶子何以能够拯救一个人？"

生：叶子很平凡，但是，在这里，作家赋予它以生命，一种在凄风苦雨中顽强生存的意味。这就不完全是现实的描写，更多的是象征，诗意的象征。

生：最后一片叶子，成为生命的一种象征，不是一般的象征，而是美好的象征，诗意的象征，象征着生命的信念。

生：精神的力量可以战胜病魔。

师：如果说这片叶子是生命、信念或精神的象征，那为什么琼珊起初如此绝望以致想到了死呢？

生：我看到小说这样说：

"她——她希望有一天能去画那不勒斯海湾。"苏艾说。

一小时后，她说："苏艾，我希望有朝一日能去那不勒斯海湾写生。"

生：当琼珊病重到只有一成希望的时候，她的心事不是"男人"而是"去画那不勒斯海湾"，当琼珊看见在两个风雨之夜后仍然未落的叶子，重新燃起了活下去的欲望，首先想到的还是"去那不勒斯海湾写生"。

生：在琼珊的心中，艺术高于一切。而先前叶子的飘零恰如艺术之花的凋落，艺术命运的沦落，这让琼珊悲观绝望、痛不欲生。而当最后一片叶子在两夜的风雨摧残后仍"傲然"地挂在藤枝上，琼珊感到了"冥冥中似乎有什么使那片叶子不掉下来，启示了我过去是多么邪恶"。在这里,琼珊忏悔的是,对艺术悲观绝望的念头是有罪的。如果说这片叶子是一种信念的话,它应该是一种对于艺术生命的信念。

师:那么,叶子何以成为艺术的象征呢?要回答这个问题,我们首先要明白,这叶子并不是普通的叶子,而是常春藤叶。欧·亨利为何不写其他叶子而恰恰是常春藤叶呢?常春藤叶到底有怎样的意蕴呢?

生:通过查阅资料,常春藤在以前被认为是一种神奇的植物,并且象征忠诚的意义。在希腊神话中,常春藤代表酒神迪奥尼索斯,有着欢乐与活力的象征意义。后来,尼采将酒神当作音乐艺术的代表。

生:得到救赎的还有一个人,那就是贝尔曼。他用自己的生命捍卫了艺术的希望与生命的同时,他自己也在画常春藤叶的过程中,在完成他一生中最伟大的"杰作"的同时,完成了人生真正意义上的救赎。

师:电影《肖申克的救赎》中说:有些鸟儿注定是不会被关在笼子里的,他们的每片羽毛都闪耀着自由的光辉。安迪对肖申克监狱的救赎正如贝尔曼对琼珊、对格林尼治艺术区的救赎,当艺术与生命碰撞成绝响,我认为贝尔曼完成了四十多年来未曾下笔的杰作,完成了生命光辉的绽放。

生 成 感 悟

感悟一：生成课堂的最大魅力就在于强烈的生成意识。以人为本的课堂，眼中有学生的课堂，要注意预设更要注重生成，生成可以围绕预设展开，也可以是不曾预约的精彩。而围绕预设展开的课堂，可以先聚焦，聚焦课堂的核心主干问题，也就是抓主要矛盾，在分析矛盾的过程中让各种观点逐一出场。学生在面对这些观点的时候，会不约而同自然地运用思辨，去比较、分析、鉴别。在分析的过程中，质疑思辨是关键的思维步骤，在这个过程中，思路进一步延展，向主旨的青草深处漫溯，在漫溯中生成新的感悟，再次质疑思辨，学生的思考和认识就在这个过程中螺旋式抬升。

感悟二：在追问中将课堂推向高潮也推向了生成妙境。在《最后一片常春藤叶》这篇小说中，第一个主干问题是："这是怎样一片神奇的叶子呀，它竟然治好了琼珊的病，而这片叶子竟然是假的，这假的叶子竟然是贝尔曼冒雨画上去的，贝尔曼竟然因为画这片叶子而染上肺炎死去，这样的结尾确实是意料之外的，是不是在情理之中呢？"这是本课的主干问题，因为它是对学生质疑问题的概括和集中，学生比较感兴趣，有利于将学生与文本联系起来，推动学生反复阅读文本，进一步引领学生理解文章。

感悟三：教师备课的周密细致程度是课堂生成的根本保障和前提条件。本课的第一主人公是贝尔曼，作者在塑造这个人物形象时运用了欲扬先抑的手法，所以在课堂设计上，我是偏重于这个人物的，在2017年下发的新苏教版课本必修二中，第一次把这个版块的题目由"生命支柱"改为"陨落与升华"，编者的这一改动，不能小觑，这是对文本的全新释读。"一片叶子何以能够拯救一个人？"这个问题的提出，一石激起千层浪，极大地激发了学生思考的积极性，活跃了学生的思维。从教学实践来看，学生的反应比预期的更好，他们热烈讨论，积极发言，大家在思想上对生命的意义与价值有了更深刻的认识，领会到陨落即是升华，生命的完成也是价值的闪现，倾注了情感的艺术是真正伟大的艺术。在主旨的探索生成中还找到了解读主旨的密码，即艺术的象征和意象的寓意对小说主题的揭示的作用。

写在最后

　　生成课堂对教师的基本功，反应速度和学识的积累都提出了新的要求，敢于采用生成的方式授课，需要教师永远都要做一个学习者，只有不断地更新自己的知识，才能真正地领飞一群自由灵动的青春小鸟。教师要不断磨砺锻造自己的思维，训练反应速度，对于课堂上自由生成的问题要敏捷睿智地应对。就学生讲，有很多问题可能是细枝末节的，并不具有代表性，这时候教师又要成为一个掌舵者，教师要去粗取精，把握住课堂的主要矛盾。

史静雪

山西省长治市太行中学

散文篇

择机而教,适时而动

——《囚绿记》课堂教学生成之思

写在前面的话

钟启泉教授曾说:"课堂教学不应当是一个封闭的系统,也不应该拘泥于预先设定的固定不变的程式。预设的目标在实施的过程中需要开放地纳入直接经验,弹性灵活的成分以及始料未及的体验,要鼓励师生互动中的即兴创造,超越目标预定的要求。"

在课堂教学中,预设和生成是相辅相成,适时而动,辩证的对立统一体。何时以预设为主,何时以生成为主,这完全取决于课堂教学中学生思维的生成。尊重学生，意味着尊重学生在课堂学习时的自然生成。当然，课堂是千变万化、丰富多彩的，并不是所有生成的问题都值得教师停下来进行引导和探究。所以，课堂教学要求教师能迅速辨认出生成问题的主次地位并采取对应的教学方法予以处理。

如何辨认生成问题的主次并相机做出处理是对教师教学水平的考验。如果教师对教学目标和教学内容没有透彻的理解，很容易在课堂教学中走向两个极端：要么是按图索骥，按照预设的方案机械地往下走，对于生成的问题和学生的热情视而不见；要么是脚踩西瓜皮，滑向哪里是哪里。课堂里看似热闹，但一节课除了热闹，什么也没有。

"教什么"决定"怎么教"，"教什么"也决定着对课堂种种生成问题的取舍。因此，教师应该有实施语文课程的意识。每节课的教学目标和重难点在本单元中的定位，本单元在本册书中的定位，本册书在高中三年甚至中学六年的定位，语文教师要做到了然于胸。只有这样，才能在课堂教学中不局限于一城一池之得失，才能择机而教，适时而动，捕捉到教学的最佳契机，取得更好的教学效果。

课堂实录

师：下面看第二部分："赏绿"。大家用五分钟阅读第5-7段，画出作者"赏"的动作词语，并简要写出动作背后体现的作者的心理，同时，将不理解的句子也画出来。

（五分钟结束）

师：有没有不理解的句子呢？

（很多人表示能理解，只有一个学生举手）

生：老师，我不理解第5段最后一句"我了解自然无声的语言，正如它了解我的语言一样"。我不知道什么是"自然无声的语言"，什么是"它了解我的语言"？

师：这位同学看得很仔细，对于不理解的地方大胆问，这种学习态度很好！同学们是怎么理解这句话的呢？

生：（举手）"自然"就是指"绿"，也就是常春藤。作者是想说他理解绿色常春藤，常春藤也理解他。

师：理解常春藤什么呢？常春藤又理解作者什么呢？

生：有点像李白的那首诗，"众鸟高飞尽，孤云独去闲。相看两不厌，唯有敬亭山。"他了解常春藤的处境和心情,常春藤也了解他的处境和心情。

师:这位同学很棒!能联想到李白的《独坐敬亭山》,在这首诗里,李白赋予了敬亭山人的情感,与山对坐,犹如与知己相逢,即使没有只言片语,也能心有灵犀。这篇文章里,作者把常春藤也赋予了人的情感,犹如知己一样,"绿叶与我对语",语言就是内心情感的表达。下面,再认真读一下课文,看看文中,作者赋予了常春藤什么样的内涵和情感,用圈点批注的方法在课文中标出来。

(学生再一次认真阅读,老师巡视,查看班级内学生的阅读)

(四分钟过后)

师:大家分成小组,可以相互分享一下自己的思考成果,然后推选出小组发言人。

(学生分成小组讨论,教师巡视,组内有不统一的,教师可以及时引导)

师:好了,哪个小组可以分享你们的思考成果。

生:(举手)绿色的常春藤象征着充满生机的生命,第7段中描写常春藤生长的句子,"看它怎么样舒开折叠着的嫩叶,渐渐变青、渐渐变老"和"纤细的脉络,嫩芽"。作者详细描摹这些细节,是作者赋予了常春藤充满生机的生命的内涵。作者的心情是"喜欢""揠苗助长"。还有第5段第二行,作者把"灰暗的都市的天空和黄漠的平原"和绿色的对比,比喻成"涸辙的鱼盼等着雨水",再次说明,作者把常春藤赋予了生命的内涵。

师:这位同学回答得很棒,有理有据!还有吗?

生:(另外一组,第三组发言人)绿色象征爱和幸福。

(旁边有学生说:错了,错了,应该是第5-7段)

师:哦,应该是第5-7段。但是,看这一句:"我了解自然无声的语言,正如它了解我的语言一样。"是不是只限定于这三段呢?先别急着回答和表态,再认真看一下课文。

(过了两三分钟)

师:好了,同学们看一下,这句话是不是只限定于这三个自然段呢?

生:不只是这三段。(其他同学点头表示赞成)

师:既然如此,请第三组的同学接着说。

生:绿色象征爱和幸福,象征着希望,象征着对自由的向往,还象征着为自由执着追求的精神。第8段中,"用绿色装饰我过于抑郁的心情",与"抑郁"相对应的应该是"乐观,希望,幸福,爱"等词语。还有"我囚住着绿色如同囚一只小鸟,要它为我作无声的歌唱",

说明绿色的常春藤如同自由自在飞翔的小鸟一样，常春藤象征着自由。还有第10段，"它的尖端总朝着窗外的方向，甚至一枚细叶，一茎卷须，都朝着原来的方向"。说明作者赋予了它对自由执着追求的精神内涵。

师：这组回答得很好，对文章很熟悉，说明课前预习得很好。还有补充的吗？

生：（举手）作者还赋予了常春藤坚贞不屈的内涵。

师：坚贞不屈？根据在哪里呢？

生：（接着说）课文第11段，"它渐渐失去了清苍的颜色，变成柔绿，变成嫩黄，枝条变成细瘦，变成娇弱，好像病了的孩子"。这句话表明绿色的常春藤坚贞不屈，宁为玉碎不为瓦全，如果非要被迫不能向着阳光的地方生长，宁愿失去自己的生命也不妥协，就像第13段中，是个"永不屈服于黑暗的囚人"。我查过作者写这篇文章的背景，当时，华北地区正在面临日本帝国主义侵略，作者陆蠡也是个坚贞不屈的人。当时被捕时，日本人问他赞不赞成伪政府，他回答不赞成，问他关于大东亚的看法，他认为"一定失败"。所以正因为作者有这样的精神，他也就赋予了常春藤这样坚贞不屈的精神。王国维说过，以我观物，故物皆著我之色彩。

（学生鼓掌！）

师：这位同学回答得非常棒！这个小组的探讨也很有质量。他们不仅关注了文本的内容，而且能够结合文章的背景和作者的经历、精神。大家要学习这种理解文章的方法。"以我观物，故物皆著我之色彩"，正因为陆蠡就是这样一个爱自由，爱幸福，为了自由可以坚贞不屈奋斗的人，所以，他才能赋予常春藤以这样的情感和内涵。第4段中，作者毫不犹疑地决定住到有绿影的房间时，公寓里的伙计都很惊奇，为什么惊奇呢？——在他眼里，这个绿影并没有什么特别的含义，他不了解这绿影对作者有什么意义。那么，作者对于这样的绿，是怎么对待的呢？请同学们课后思考。

生 成 感 悟

感悟一：生成课堂要以学生为中心，注重学生的感受。学生作为鲜活的、主动的、具有创造性的生命体，带着自己的知识、经验、思考、灵感参与课堂教学，他们是课堂教学的主体，更是教学"资源"的重要构成与生成者。他们在课堂活动中表现出来的学习兴趣、积极性、注意力、思维方式、合作能力，提出的问题与争论乃至错误的回答，无论是以言语，还是以行为、情绪方式的表达，都是教学过程中的生成性资源。例如在课堂初始，我本想让学生按照"寻绿——赏绿——囚绿——放绿——怀绿"的线索来理解"以小见大，物我互观"的写作方法，但是，当学生找出了"我了解自然无声的语言，正如它了解我的语言一样"这个句子后，我突然意识到这个句子同样也可以达到"以小见大，物我互观"的目标。于是，我就迅速抓住了这个契机，在学生回答的基础上循循善诱，步步引导，学生也能由浅入深，思维得到进一步的拓展和激活，逐步达到了训练的目标。由此可见，教师要善于抓住课堂上的每个契机，给学生搭建展示个性的舞台，为课堂生成创造条件，从而，让学生真正成为课堂的中心、课堂的主体、课堂的主人。

感悟二：预设是静态的，生成是动态的。苏霍姆林斯基曾说："教育的技巧并不在于能预见到课堂的所有细节，而在于根据当时的具体情况，巧妙地在学生不知不觉中做出相应的变化。"在第二个阶段，学生的回答超过了第5-7段的范围，但从本文"深刻理解作者赋予常春藤的情感和内涵"的教学目标来看，只要能达到这个目标，为什么不能适时而动，从全文去让学生理解呢？于是我调整教学思路，让学生沿着自己的思考来进行阐释，最后也达到了异曲同工的效果。我们不可能在教学过程中预见所有的课堂细节，总有一些"意外"发生，而课堂正因为这些"意外"变得灵动、智慧，正因为有独特的对话交流、思维交锋与碰撞才显得精彩纷呈，高潮迭起。

感悟三：生成课堂要尊重学生，让课堂沉静下来，不流于表面的繁华。好的生成，一定要建立在认真思考的基础上，教师要根据学生的实际情况来决定是否需要停下来让学生进行阅读和思考。例如当学生在思考"是不是限定于第5-7段"时，我并不急着让学生表态和发言，而是让他们独立思考，并进行小组内共同探究。这样，既发展了学生个性阅读体验，又提高了课堂教学效率。

写在最后

叶澜教授指出："要从生命的高度，用动态的生成的观点看课堂教学。课堂教学应被看作师生人生中一段重要的经历，是他们生命的、有意义的构成部分，要把个体精神生命发展的主动权还给学生。"因此，尊重学生，是生成课堂的最大价值之一。诗意的课堂，就是让学生的思维情感和个性能得到蓬勃的生长。当生成课堂遇到诗意之美便对教师的要求更高：什么时候进行诗意的点拨；如何引经据典、旁征博引；哪些可以忽略、哪些必须强调是教师必须掌握的基本知识和技能。尤其如何面对种种突如其来的变故，对教师的教学智慧提出了有力的挑战。这就要求教师要不断地学习、充电，完善知识体系，积聚精深的专业知识，形成广博的文化储备，积淀深厚的教育理论修养，并形成具有丰富教育教学经验的教学智慧，并用这种智慧把握和处理复杂多变的教学情境和问题，成功地促进教学生成。

所以，生成性课堂要求教师必须沉下心来阅读、思考、研究，根据变化的情形不断地、灵活地调整教学思路和教学设计，综合把握课堂各种各样的信息，及时做出正确的判断，采取积极、得当、有效的措施，将教学引向深入，把语文教学作为一门系统的课程来实施。

朱慧颖

陕西省宝鸡市金台教研室

春风化雨山渐青

——《谈中国诗》课堂教学生成之思

写在前面的话

瑞士著名的教育家裴斯泰洛齐说过:"教学的主要任务不是积累知识,而是发展思维。"教育家杜威结合心理学因素也指出:"学习是一种心智活动,没有思维,就没有真正意义上的学习,没有思维能力的提高,也就无法谈教育的质量。"

新课程理念强调:"学生不是一个需要填满的罐子,而是一颗需要点燃的火种。"我始终认为,一堂好课像一块无形的磁铁吸引着学生的注意力，调动起学生的兴趣，打动学生的心灵。而教师是课程的实施者，教师的思想、行为、观念等对课程改革过程以及课堂授课方式等，都是强有力的影响。在新课程改革的浪潮里，语文教学给了我无限的生命活力。

课堂实录

师：同学们，大家阅读完本文有什么感受与体会，谁来说一说？

生：呵呵，我就没怎么读懂。

生：我真觉得有些地方难以理解啊。

生：我觉得读这样的文章提不起阅读的兴趣。

师：多么真实的声音。语文课堂我一直都喜欢大家的坦率直言。许多同学没能读懂的课文，老师就与大家一起学习。同学们，题目是《谈中国诗》，那么不读本文，你了解中国诗多少？

（学生自由思考并回答）

生：中国是诗歌的国度。有边塞诗、田园诗、咏史诗等多种题材。

生：中国诗歌有豪放派和婉约派之分。其中，我所知道的豪放派以苏轼为代表，婉约派以李清照为代表，两种不同的诗风各有千秋。

生：中国诗歌很含蓄很简练，不容易领会是常有的事。在考试时，我的诗歌鉴赏题就完成得比较吃力，不知道该如何提高。

师：同学们，讲得挺好，说出了这么多的基于从小到大学习中国诗歌的感受。本文的作者是学贯中西的大学者钱钟书先生，以他的读诗体悟与学术观察的视野，他写这篇文章主要谈什么问题？

（学生思考并异口同声地回答问题）

生：中国诗的特征。

师：好。同学们读书能抓得住主干，这一点就很好。那么课文中提到的中国诗的特征有哪些？请大家再一次阅读课文，并用圈点批注的阅读方法在文中标记出来。

（学生在课堂上再次阅读，用时约5分钟。多名学生陆续举手回答）

生：中国诗是文艺欣赏里的闪电战，平均不过两三分钟。

生：富于暗示。

生：笔力轻淡，词气安和。

生：多社交诗，少宗教诗。

师：真好！大家的阅读很有收获！还有同学有其他的阅读发现吗？

生：老师，我在第二自然段画了两句话"中国诗是早熟的。早熟的代价是早衰"。因为无法理解，不知道这个算不算是中国诗的特征之一？

师：多么有眼光的读书发现啊！我想在这里会有相当一部分的同学被难住了，有哪位同学书读得稍微深透些可以回答这个问题的？

生：我来谈谈我的理解。

师：好的。我们一起听听课代表的见解。

生：老师、同学们，我是这样理解这个问题的：课文在第二自然段写道，因为中国诗没有经历诗歌发展的一般阶段而是"一蹴而至崇高的境界"，比如唐代的诗歌一下就繁荣到了鼎盛阶段。由于诗歌发展缺乏前期必要的基础所以早熟之后就得早衰。因此，我认为这也是作者所认为的中国诗的特征之一。正如现在的我，虽身为语文课代表，平时也爱好中国诗词，但就是写不出一首格律诗来。很悲哀，中国诗早衰了。不知道我这样的理解，大家是否认同？

（学生们自发地报以热烈的掌声）

师：我想大家的掌声已经说明了一切。谢谢你精彩的阅读分享，很有见地啊！是的，中国诗的发展一开始就缺乏基础。钱钟书先生为了浅近地讲明这个问题还用了生动的句子进行阐释。请大家看第三自然段中的句子——"梵文的《百喻经》说一个印度愚人要住三层楼而不许匠人造底下两层，中国的艺术和思想结构，往往是飘飘凌云的空中楼阁"。请同学们齐读第二、三自然段，在朗读中再次加深体悟。

师：好的。下面请各个学习小组在组内研讨交流本文所谈到的中国诗几个特征中，还有哪些特征是较难领会的？

（学生在小组内展开研讨交流，用时约6分钟。教师巡堂，参与到各小组的交流中，及时发现存在于学生中的问题）

师：大家的小组研讨交流很热烈，很真实。老师也发现许多小组都对"中国诗富于暗示"这个特征觉得最难以把握。下面我们一起集中研讨这个特征。我们就以课文所举的《寻隐者不遇》为例，你能从这首诗中读到哪些暗示？

生：隐者在白云缭绕的山中隐居，暗示逍遥，仙风道骨！

生：隐者在深山松林间行走，暗示清雅，志趣高洁！

生：隐者在山崖间采摘药材，暗示壮年，悬壶济世！

生：寻隐者之人因未能见到隐者而顿生失落之感。

师：同学们个性化地解读诗歌，各有角度，方寸小诗里读出了自己的理解。那为什么中国诗富于暗示而不多地采用明示呢？大家思考过这个问题吗？

（学生静默思考）

师：其实这是中国人的文化心理使然。中国人内敛、含蓄、爱面子，所以在用诗表情达意时多会委婉表达，因而"暗示性"这一点就成为中国诗比较突出的特征之一。而同学们在作答诗歌鉴赏题目时觉得比较难把握的地方就在于此。

生：老师，我想问一个问题。有什么办法可以让我们鉴赏诗歌时能够对暗示性的把握更贴近些吗？

师：这个问题很有价值啊！除了多积累文化知识，还可以通过标题、注释、作者、年代、意象、手法等多个线索进行综合的考量，这些都有待大家在日后的学习中多多体悟。

生：老师，我也有个问题想问。我们从小到大读背古诗，有一定的基础都觉得要理解本篇课文不容易啊。可是我看到课文的注释写的是本文是钱钟书先生对美国人谈中国诗的特征。这是不是有点对牛弹琴了,这场演讲有意义吗?

师:很好的问题!十分欣赏你读书的细致!学习需要思考;思考促进学习。大家在不断深入学习的过程中,有思考才会发现问题。哪位同学能帮助他解答这个问题?

生:老师,我想说说我的看法。课文在最后一段中有句话"读外国诗每有种他乡遇故知的喜悦,会引导你回到本国诗"。据此我以为钱钟书先生与美国人大谈中国诗正是想借中西方诗歌的相通之处,让美国人加深对本国诗歌的理解。

师:说得很好,为你点赞!由文本而来的回答多么有理有据!同学们,对于这类文章,我们阅读的第一要义就是要能准确地把握作者的基本观点,厘清作者的思路。今天的学习大家做得不错,今后如感兴趣可多阅读这类文章以增强理性思维的发展,大家试试吧!

生 成 感 悟

一场声势浩大的课程改革在八桂大地上轰轰烈烈地进行着,高中语文教学以崭新的面貌呈现在我面前。作为一名高中语文教师,教学活动中当从内容到形式充分体现新课改的新意。通过执教《谈中国诗》这篇课文，我有了许多的感悟与收获。

感悟一：教学问题的设计要有张力。美国教育心理学家奥苏贝尔说："教师的职责是使学生对认知本身感兴趣，最好的办法是让新的学习内容与学生的认知结构之间具有某种适当的距离。"充分了解学生思维的最近发展趋势是备好课的前提。我在备课时能充分了解学生学情，在认真钻研教材的基础上，问题的设置小而巧，注重设问的层次，由部分到整体，由分析到综合，由表层到实质，层层深入，努力做到最大限度地调动各层次学生的思维。

感悟二：教学过程的组织要有趣味。课堂通过学习小组自由展示，解读问题，质疑答疑，层层相扣地解读问题，在学生积极主动的思考讨论和质疑中，加深理解和体验，有所感悟和思考，从而获得思想的启迪，进而解决教学重难点。课堂交流完成了学生思维的训练。这种学习方式的变革，能够很好地帮助学生释放出学习的潜力，让课堂充满活力。

感悟三：教学点拨的机智要适时到位。分享与交流展示成果的环节真正把学生的主体地位凸显出来，教师只做必要的点拨与提升，而动态思维下生成的东西就把课堂推到了高潮,文章的主旨也就自然呈现。这种师生互动、生生互动的教学活动收到了很好的效果。学生有所感、有所言、有所悟,极大地调动了学生探究学习的积极性。学生们张扬个性,多角度解读。让学生饱尝个性化思考的自由,及时把握的预设与生成,碰撞出思维升华的火花。

感悟四:教学方向的认知要清醒。在活跃的课堂气氛中,要注意避免以下问题:单纯追求课堂气氛而忽视语文双基知识;片面强调个性而忽视正确引导;讲台作秀,失却自我。课堂教学中探索出符合自己的语文教学模式及风格,远离功利,远离浮躁,让学生学得扎实,真正有所收获。

写在最后

我在想,其实古今之圣贤从来都与教学相连。哲人如孔子、老子、庄子、苏格拉底,不但乐于学,而且乐于教,往往将教育提升到生命价值的层次,做人生的思考。所以先哲们的思想除了深邃、庄严,还具有诗意的一面。

诚然，教学之渊深与创新，如我之流，尽毕生之力亦难有所作为。但终究是尺有所短，寸有所长，我以为，教学工作实为一项极富创造、极具诗意的事情。诗贵含蓄，然后深厚有味，理存于简练，情藏于激荡，含而不露，读者已自知。教育亦然。苏格拉底画圆示学生，以圆内为已知知识，圆外为未知真理，则圆越大，圆周所接触的外部越大；已知的知识越多，则未知的真理就越多。德谟克利特说："人不能两次踏入同一条河流。"这不仅是教人以知识，而且是开示人的智慧了，一旦醒悟，就会有诗一般的美感油然而生。孔夫子更是一语道破："好之者不如乐之者。"此话有真谛，一个"乐"字不知包含了多少的千山万壑，千百年来师者无不从"乐"字入手，寻求教育之道。想到新课改以来，历时数载所推行之生成课堂，乃是循道之举，循泱泱天道而谆谆育人，岂不畅快如诗？

蒙丽丽
广西壮族自治区南宁市外国语学校

对话，使课堂生成更精彩

——《在马克思墓前的讲话》课堂教学生成之思

写在前面的话

《高中语文课程标准》提出：阅读教学是学生、教师、教材编者、文本（作者）之间的多重对话，是思维碰撞和心灵交流的动态过程。阅读中的对话和交流，应指向每个学生的个体阅读。这里强调的是阅读教学过程中多重对话的重要意义。对话教学促进学生思维流动，对话教学带来生动的课堂交流，活跃的课堂氛围。

英国思想家戴维·伯姆曾诗意地描述："对话仿佛

是一种流淌于人们之间的意义溪流,它使所有对话者都能够参与和分享这一意义之溪,并因此能够在群体中萌生新的理解和共识。"

阅读教学中,教师若能恰当捕捉生成性学习时机,往往会使课堂收到意想不到的效果,既利于构建精彩课堂,又利于提升语文素养。而促成课堂生成,对话教学便是其中较为重要的环节。教师若以对话主导教学,利用学生阅读时发现的问题,及时引导,及时点拨,发挥学生的主动性、积极性,课堂生成有望实现。

教学恩格斯的《在马克思墓前的讲话》,要引导学生品味文中有标志性的语言,感悟作者于悼词中蕴藏的复杂情感。为完成此目标,我重点采用对话教学,让师生之间、生生之间进行平等对话,经实践确有收获。

课堂实录

(上课开始,老师提出要求,自读文本并思考:你读出了什么?你读懂了什么?)

生:老师,"当代最伟大的思想家停止思想了","停止思想",我觉得用词很委婉。还有后面"他在安乐椅上安静地睡着了——但已经永远地睡着了"，没有直接说"马克思逝世了"，而是用"安静地睡着""永远地睡着"，反复表明了这一点，表达了恩格斯对马克思去世的惋惜之情。

师：能够看得出来，你很用心，语言表达比较到位。

生：我觉得这里用了某种修辞手法，恩格斯不忍心说出马克思已经逝世了，但是这件事却是事实存在的，又不能不说，感觉很矛盾，又很悲痛。

师：是啊，死是我们每个人终将面临的，但也是我们不愿提起或避免提起的话题，这里运用了讳饰修辞手法。讳饰是一种修辞手法，指说话时遇到有犯忌的事物，不直说这种事物，而用别的话来回避掩盖或装饰美化。我们可以回忆一下哪篇文章中运用过这种修辞手法？

生：《触龙说赵太后》中有这样一句话，"一旦山陵崩，长安君何以自托于赵？""山陵崩"就是"帝王去世"，这里指"赵太后将来去世"，我认为是讳饰。

师：对。你的理解很准确。请同学们继续发表自己的见解或提出疑问。

生：最后一段"他的英名和事业将永垂不朽"，为什么说他"永垂不朽"呢？

师：这个同学的发问非常及时，很有代表性。那么让我们一起来探讨一下这个问题。

生：第二段中，"这个人的逝世，对于欧美战斗的无产阶级，对于历史科学，都是不可估量的损失。"应该可以回答这个问题吧，因为这里写了马克思的逝世给全世界无产阶级造成了不可估量的损失，也就是马克思"永垂不朽"的原因。

生：马克思在很多方面都有贡献，他的逝世也是一个巨大损失，因此才永垂不朽。

生：这一段是概括性回答，概括马克思在欧美战斗的无产阶级和历史科学两个方面的贡献，后文又从这里展开去写。

师：既然我们认为这段是概括，那么它概括了后文的哪些内容呢？

生：概括了马克思的伟大贡献。

生：发现了人类历史发展规律，发现剩余价值规律，他在多个领域都有独到的发现。

师：既然如此，我们根据悼词的结构特点来梳理文章结构：（述其哀）逝世——（赞其功）功绩——（颂其德）影响——怀念。

师：文章的基本结构已经厘清，请同学们细读文本，继续理解文本。

生：第七段开头"因为马克思首先是一个革命家"，恩格斯认为马克思"首先"是一个革命家，为什么不把马克思作为"革命家"的贡献放在前面呢？

师：很好，老师在读文本时也有过这个疑惑。请问同学们对文章的这种结构安排有什么看法？

生：老师，我也有发现，文章在第二段概括马克思的逝世给全世界无产阶级造成的巨大损失的时候，用了两个"对于"，分别是"对于欧美战斗的无产阶级，对于历史科学"，从两个方面说明马克思的逝世是"不可估量的损失"，但后面内容和这里却相反。

生：我也认为文章这样安排确实有问题，因为"首先"是表示开始，处于第一位的意思，所以应该把这一段放在前面。

（针对这个问题，我让学生讨论10分钟，同时提醒学生一定关注文章的结构，并注意每段的关联词语）

师：阅读要关注文本本身，更要关注文字本身，下面我们就从文字中发现段与段之间的联系，看看是否可以解决这个疑惑。

生：我发现，第三段的开头"正像达尔文发现有机界的发展规律一样，马克思发现了人类历史的发展规律"，第三段后面的内容都是解释"人类历史的发展规律"这个话题的。

生：我把第三、四段联系起来看，第四段开头"不仅如此。马克思还发现了现代资本主义生产方式和它所产生的资产阶级社会的特殊的运动规律"，"如此"指的是上文马克思发现了人类历史发展的规律，这里用了一组关联词语"不仅……还……"，这是表示递进关系的关联词语，意思是马克思的后一发现比前一发现更重要。

师：非常好。他给我们开了一个好头。请同学们思考：在恩格斯看来，马克思还发现了现代资本主义生产方式和它所产生的资产阶级社会的特殊的运动规律，也就是剩余价值规律，那么这一伟大贡献是否是马克思最重要的发现呢？

生：不是的。第五段中这样说："一生中能有这样两个发现，该是很够了。……但是马克思在他所研究的每一个领域，甚至在数学领域，都有独到的发现，这样的领域是很多的，而且其中任何一个领域他都不是浅尝辄止。"这里是说马克思在许多领域都有独到的发现。

生：我有看法了，在第六段，恩格斯说"他作为科学家就是这样。但是这在他身上远不是主要的"。我认为"远不是主要的"这六个字就能说明，文章前面所谈到的所有贡献都不是马克思最伟大的贡献，他应该还有更大的贡献吧。

生：也就是马克思应该还有更伟大的贡献。第七段"因为马克思首先是一个革命家"，他作为革命家的贡献应该是马克思最伟大的贡献。

生：老师，我懂了，在马克思一生的贡献中，他在无产阶级斗争实践中的贡献是最重要的。第六段中"任何一门理论科学中的每一个新发现——它的实际应用也许还根本无法预见——都使马克思感到衷心喜悦，而当他看到那种对工业、对一般历史发展立即产生革命性影响的发现的时候，他的喜悦就非同寻常了"。这句话虽说比较复杂，但是用一句话概括就是前面所有的贡献都属于理论方面的贡献。而第七段的作为革命家的贡献是实践方面的贡献。

师：两位同学的总结比较恰当，还有哪位同学可以试着从全篇来概括一下呢？

生：老师，第二段中的两个"对于"，分别对应的就是理论和实践两个方面。后面第三到六自然段对应的是理论贡献，第七自然段对应的是实践贡献，前后形成层层递进关系。

师：确实如此，本文的结构是层层递进的，逻辑非常严密。到这里，我们就能够理解文本第二段恩格斯在评价马克思逝世所造成的损失时，为何先说"对于欧美战斗的无产阶级"，后说"对于历史科学"了。阅读时要用心体会，关注文本中重要的词语、重要的句子，因为有些词语和句子往往能够起到拉动全篇的作用。

生成感悟

感悟一：搭建支撑，促使生成。生成教学要为学生营造宽松的学习氛围，搭建对话的支撑点，给予学生足够的思考空间。本课例，要求读课文并思考"你读出了什么？你读懂了什么？"学生以此为基础展开对话，教师抛出让学生够得着、有话说的话题，其主体性才得以充分发挥，学生才会积极、主动地参与到课堂中，才能继续思考，学生的思维未受限制，学生的思想未被禁锢，从而激起学生内心对学习的热情，体验到学习的快乐，体会出人生的价值。

感悟二：亲近文字，促使生成。学生通过阅读文本，逐步亲近文字，发现文字背后的意蕴，然后进行师、生、文本之间对话。本课例，在对话过程中，学生的思考一直都在进行，思维一直都是活动的。生与生、生与师，一直都处于平等的对话中，并且对话是建立在学生阅读文字的基础上，才可以促进课堂的生成，而且这种课堂生成不是外力强加的，而是学生作为主体自然产生的。

感悟三：慢慢等待，终会生成。教育是唤醒生命的过程，更是塑造生命的过程。我们进行教学时要明确这点，而使学生加深对生命的认识，这个过程是潜移默化的，耳濡目染的，绝不会是一蹴而就的。既然如此，我们在课堂中绝不能贪多图快，尽可能让眼前的每个生命都享受这个过程，要慢慢地守候，静待花开。本课例中，我们也会发现，学生们绝不是立即成功的，而是一步步地、逐渐地迈向自己的目标，课堂的生成也是这样逐步达成的。诚然，我们可以"预设"，但不是让学生必须走进我们"预设"的目标，允许学生不去走我们"预设"的路子，而是自己透过文字走向未知的将来，这绝不是急于求成之事。

写在最后

著名教育家叶澜教授说："课堂应是向未知方向挺进的旅程，随时都有可能发现意外的通道和美丽的图案，而不是一切都必须遵循固定的路线而没有激情的行程。"在课堂上，总会有无数的未知等待着教师和学生，我们绝不可能走一条固定的路线，甚至永远走这一条路线，因此我们要引导学生借助对话交流，构建自主探索与合作交流的学习方式。让教师与学生共同经历有意义的对话交流，真正掌握知识、技能与思维的方法，提高解决问题的能力，同时在情感与态度等方面得到更好的发展，让我们师生共赴前方美妙未知的旅程。

陈凤英

内蒙古自治区通辽市科尔沁左翼后旗甘旗卡第二中学

触"点"成"网",且思且深

——《那树》课堂教学生成之思

写在前面的话

教学是一个动态的生命场。在四十分钟的课堂时间里,师生以文本为联结点展开对话,每一位学生的思维特质有别,这决定了对话的过程延展出来的"学习网"将会是一个无限曼妙的所在。教师依据自身深厚的教学智慧把文本知识传递给学生,既需要备课"预设",把文本吃透吃深,把握住文本、课堂、学生三者相契合的教学"价值点",在学生的"最近发展区"腾挪辗转;

更需要巧妙捕捉课堂契机，因为学生的学情永远在变化，如果总以"不变"应"万变"的思维方式行走课堂，在固化的"预设"中自说自话，放弃对学生思维状态的关注与探究，这样的教学无疑是僵硬的、失败的。教师"编织"的技巧智慧成就课堂生成的高度、宽度与深度。

语文教学因其对接生活，涵养生命，决定了它内容的广博性，操作的灵活性。如何把握准文本的核心价值，如何找到知识的"触点"，联通师生，契合学生"那时那刻"的思维状态，把有效知识传递给学生，是教师职业生命中需要终身修炼的功课。教师对于文本的深刻理解，对于学情的巧妙捕捉，将会使灵光一现的刹那定格为师生共生共长的心灵场，让固化的文字幻化成图景，幻化成滋养生命的美丽所在。细节处也许就是打通了文本内核的"关节点"，在师生的共同编织下，细节延展铺排成理解整个文本的"网"。于是冰冷的文字有了生长的可能，小小的错误也能变幻为成长的符号。

课堂实录

师：刚刚在同学们齐读中，有一个词大家习惯性误读了，把"豁然开旷"读成"豁然开朗"。大家不妨思考下,王鼎钧作为一位文字造诣极深的作家,这里的一字之差,是否会有不同的意味呢?

(研讨发言)

生:"豁然开朗",是我们在八年级《桃花源记》中学习的成语,"初极狭,才通人,复行数十步,豁然开朗"。写的是渔人初入桃花源,见到源中房屋整齐、绿树环合,男耕女织的幸福生活时的一种美好感受,而这里描写那树已死的情景给人的感觉并不美好。所以我想作者才把"豁然开朗"改成"豁然开旷",这样的修改,更贴合文意。

师:"不美好的感觉",捕捉很准。大家再细致体会下"旷"与"朗"给人的不同感觉。

生:"朗"有明朗、开朗的意思,带给人的是一种宽敞明亮的喜悦之感,像太阳、月亮的光芒照射在大地上。"旷"则是空旷的意思,表明这里空无一物,没有生命存在,是开阔但死寂的一片,让人联想到的感受是孤独、寂寞、害怕等。

师:嗯,王鼎钧为什么在这里选择使用"旷"字呢?

生:本段描写的是那树惨遭屠杀的情景,那树奉献给人类以诗意,它绿化大地,荫庇人类,带给人类种种方便与幸福,却被人类无情屠戮。失去那树的世界,我想一定是空旷的、没有生机没有希望的。

生：没有了树的世界，生活将是灰色的。这里写"马路豁然开旷"，表面上是写树的消失使人们的出行更方便，我觉得这里实际上有王鼎钧含蓄深沉的痛惜愤激之情与抨击之意，那树再不会影响交通了，不会再是酒驾事故的替罪羊了，但伴随着树消失的还有绿荫、鸟叫声、幼稚园孩子们的歌声、情侣们的散步，当然还有毛毛细雨跌落进树叶，与树叶协奏出的诗一般美好的乐曲。

生：大树带给人类的种种的好，它是人们生活的休憩处，情感的寄托处。过去的人在"树干旋涡形的洞里插一炷香"祈福避灾，现代人更需要"树洞"倾吐心灵的秘密。大树更像是一种诗意生活的象征，在树下生活的人们是放松的、舒服的、快乐的。

师：当人类以文明的名义实行屠杀，树消失了，这里一个"旷"字，实际上也让我们联想对比树的存在与消失给人类的生活带来的变化。让我们反思树存在的意义，反思自己的行为。

生：我想从语言形式谈一下。老师说王鼎钧善于化用文言，通过巧妙改动字眼，让语言变得有张力。这里"豁然开朗"变为"豁然开旷"，我觉得既读到了文言的典雅之味，又使语言有生动活泼之感。

师：大家能结合内容前后勾连，深入理解，从文本的主旨角度与语言的外在形式两方面探讨，非常好。王鼎钧确实擅长"以字造意"，一个字里有乾坤。大家不妨再找一找，本段内容里还有一个词，和我们平常的说法有些出入。

生：老师，是不是"不在多言"？

师：你的反应真快。是啊，这里为什么不用"再"而用"在"呢？请同学们继续交流探讨。

生："在"有"在场"之感，让我联想到大树是一个生命的存在，这样血腥的悲剧施行于一个生命，它却"没有说什么"，反衬强化出这场悲剧的残忍、残酷。

生："再"表示第二次，"不再多言"意思是那树有过语言，可本文中树从头至尾并没有说话，这里的"在"是和整篇文章的内容相呼应的。

师：是啊，一棵沉默的老树。想想作者为什么让老树"不说"？这样写，有何用意？

生：我想老树的沉默更能表现它的忍辱负重，隐忍无私，它给予人类，却从不炫耀声张，从不张扬，即使死亡到来，也绝不吭声。作者这样写，突出了老树品格的高尚与悲壮。

生：老树的沉默更能反衬它的命运之悲，人类屠戮的无理无情。这一段作者用超速的"六十英里"、用"对准树干",让人联想树此时经受撞击时的痛苦,后面"咬""嚼碎""撒"几个动词写出刽子手的残忍,简直让人不寒而栗。而三个"于是"的运用,更是强化出这场悲剧的荒谬、匪夷所思。树面对自身的一切遭遇是"没有说什么",读之让人动容。

师:是啊,和老树的"不说"相映衬对比的,是人类的行为,人类的"种种说"。请同学们再次品读课文,关注文中有哪些人对老树说了什么?把这些关于"说"的词语圈画理解。

生:有司机与乘客的"喃喃",他们在质疑树的存在。

生:老太太偏说她听见老树叹息。

生:清道妇"一个说""用作证的语气说""甚至说""一面说"……

师:是啊,太多人的七嘴八舌,这些话语,既是对老树离去原因的交代,也是对它死亡过程的再现,这样的对比,确实引人思考。

生:正是人类的浮躁功利造成老树死亡。

生:人类的自私无情与老树的有情有义形成鲜明对比。

生:不能容忍一棵树存在的世界是丑陋的,不能容忍一棵树存在的人类是冷漠、没有幸福感、没有未来的。

生：人类为什么要杀死老树？我看到我们周围的环境，每天都有树木倒下，每天老树的悲剧都在上演，我觉得很痛心与无力。

生：我们人类应该反思自己的行为，不能再急功近利，发展可以"慢一点"，保护住绿色的树，我们的目光才有驻足的方向，我们的心灵才有澄静的可能。

师：是啊，这里作者通过两处细节，触动每个人思考：绿色与发展并非一组矛盾存在，如何在文明的飞速发展下把根留住，把绿色留住，是对人类灵魂的拷问。我们的确需要反思自己的行为，认清自己的面目，检视自己的灵魂。王鼎钧此文的意图之一，也是希望每位同学思考：如何让悲剧不再重演，让城市有树，心中有绿？请同学们课下调查一下周围绿色消失的环境现状，写出你的思考，形成一份书面报告上交。

生 成 感 悟

感悟一：课堂的生成有赖于教学现场契机的巧妙捕捉。《那树》是一篇语言深沉蕴藉极富内涵的文章，从何切入能够将教学有效展开，将课堂内容在有限的时间内实效化，使教学价值呈现最大化，一直是教学前我苦苦思索的。教学过程中我一直采用多种读的方式呈现，学生在读的过程中误将"豁然开旷"朗读为"豁然开朗"，让我灵光乍现，觉得这里既可体现王鼎钧通过改换字词有意营造成语的一种别致美感，也是理解那树生命之悲的一个小小"入口"，由"误"到"正"，学生的学习过程也呈现出"豁然开朗"之美。

感悟二：小关节，大乾坤。文中两处小细节：从"豁然开旷"与"豁然开朗"的对比解读那树的存在与消失，从"不在多言"延伸对比树的"不言"与人类的各式各样的"说"，从中理解老树的形象，理解树存在的意义，探究造成树悲剧命运的根源。从一个小小的节点出发，延展连通到课文的方方面面，像一个四面贯通的"网"，这时，学生会初步感觉到文本是一个有机的整体，有其内在的逻辑关联，知识的"全息"使文本的意蕴是整体的，有生命的，而不是支解成肢离破碎的"碎片"。两个有效的"触点"，就是理解文本的"关键点"，从一个小小的口，学生进入的是整个文本的世界。

感悟三：在"漫溯"中走向青草的更深处。课堂的生成，学情是基础，学生在学习过程中呈现的问题、状态构筑成他们成长的"踏板"，教师必须在此基础上实时点播,教师的发问引导有时就像一个助推器,使学生从一个"踏板"上升到另一个"踏板",在不断深入中剥出文本的"内核"。课堂中教师让学生分析完"旷"的感觉后适时追问"为什么"用这个字,从"在"字的解读带入对人类行为的思考,学生在步步深思中走向了更为丰富的层面。

感悟四:生成既不能走向"脚踩西瓜皮"式的无方向无目的,也要防止"过度"解读,过分深挖,太深、太透、太烂。语文有其"模糊性"的特点,不同教师对同一课文的处理通常是各有千秋的,教师在"个性化"的把控中必须牢记文本是根,教学有效价值的呈现是最终的目的,要眼中有生,而不是随性随意发挥,以自己的所得替代学生的需求,把课堂变成了自己的"表演"舞台,这样的生成无疑是舍本求末,南辕北辙的。

写在最后

也许,语文课堂教学的美丽就在于文本就像一棵大树,生成的内容构成了它的枝枝叶叶。树的繁茂有赖于教师知识的丰博,智慧的开放,姿态的灵活。当教师以身心融注文本，速读、细读、反复读，做到文本的脉络深印于心，它的"面目"自然在头脑中清晰明朗，所谓"胸有成竹"，当画卷展开，教师就会气韵自成，下笔挥就，随意点染，无论笔归何方，终将会是一幅美丽的图画。

　　作为语文教师，必须不断地学习成长，涵养水源，方成博大。如果教师自己率先就放弃学习，故步自封，做井底之蛙，那课堂必将是一潭死水、臭水。课堂的美丽生成，学生的动态成长，它们的根，全在教师的"学习"，只有不断地学习，才能把我们的课堂、我们的生命迎向无限的未知，让每一种"可能性"生长为智慧与情感的种子。师生共品共鉴，共生共舞，课堂才会如一池春水，呈现出"天光云影共徘徊"的和谐画面。

曹　丽
湖北省孝感市周巷镇中学

巧借好"东风",助力深解文

——《荷塘月色》课堂教学生成之思

写在前面的话

语文教学的过程,实际上是语文教学内容的生成并完成的过程。课堂生成至少包括两个层面,一方面是教师为高质量的课堂生成所做的准备,另一方面是学生在原有知识经验的基础上对教材内容的重新发现和表达。在语文课堂,学生不仅是生成主体,更是生成结果的拥有者。一堂有生命力、有价值的语文课,教师必须知道自己想教什么?如何教?学生实际在学什么?是怎样完成学习的?课堂教学的最终结果,不在教师教得如何,而在学生学得如何。课堂上有没有思维的碰撞和灵感的火花,师生、生生之间有没有形成"多维"互动的教学氛围,学生的潜能有没有得到相应的发挥,本人以为这也是判断一节课是否属于"生成性课堂"的重要标准。

课堂实录

师:《荷塘月色》自它诞生以来,就一直被喜爱它的读者用不同方式解读着、领悟着,像一眼温润的泉,给我们不可复制的生命体验。那么接下来就让我们一起分享同学们在预习时写下的诗意感受。

(学生互相交流,跃跃欲试)

生1:缈月轻点朦胧色,淡香微笼半塘荷。
 莫笑才子多柔情,此境尚有几人得。

生2:那片池,像广袤夜空下一方清澈的眸子,
 眸中静静绽放着优雅的荷,
 明月陪你走到了如画的江南,
 我只愿你忘了现世的不安。

生3：月下怜月荷塘畔，不慕繁华慕清闲。
　　　梦里采莲莲田田，忽疑现世是江南。
生4：独行静夜里，浅月照波痕。
　　　轻云遮望眼，稀柳扶远山。
　　　薄雾笼白朵，暗香隐碧叶。
　　　忽闻蛙声起，惊梦正采莲。
生5：隐去心中尘与土，方得半亩莲浅唱。
生6：唯闻蝉隐蛙声躁，方知静中有乾坤。
师：腹有诗书气自华。真正好的文学总会给我们带来精神上的启迪和心灵的陶冶，你们的一首诗、一阕词、一副联，如莲芬芳，似梦斑斓，老师在你们的启发下，也即成一首，和大家分享：

千秋荷塘千秋月，万里无云万里天。
一缕荷香心头过，两分明月到窗前。

（全体掌声）

师：谢谢！同学们，怀念一位作家，鉴赏一篇作品最好的方式就是走进作家的心灵，走进作品背后的世界，这条路遥远但风景无限，那么接下来就让我们品读文本，领悟散文的情思之美。细读课文第1-3自然段，思考文

章提到了几种状态下的"自我"？分别有怎样的特点？（小组讨论并发言）

生1：四种状态下的"自我"，即"热闹、冷静、群居、独处"。

生2：我反对，结合语境，我认为有两种，即"自由和不自由"两种状态。文章中有"像今晚上，一个人在这苍茫的月下，什么都可以想，什么都可以不想，便觉是个自由的人"。

生3：我也认为有两种，即"平常的自我"和"今夜的自我"，文章中"这一片天地好像是我的；我也像超出了平常的自己，到了另一世界里"为证。

生4：我提升一个层次：平常的自我和理想的自我。

师：谢谢几位同学的发言，我们知道散文对读者的吸引力，来自作者心灵的坦白，但是作者的情思往往要从细微之处探寻，要探寻"一望而知"的文字信息背后那些蕴藉隽永的东西。针对以上发言，同学们比较倾向于哪一种观点呢？

生5：第二种和第四种。"自由和不自由"或者"平常的和理想的"。

师：二者比较，哪个更好些？为什么？

生6：我觉得"平常的和理想的"更好，因为文章中有一句很重要的话："我也像超出了平常的自己"，说明作者只有在超出了"平常的自己"的时候，才有一个独立面对时间，面对心灵的空间。(全班掌声)

生 7：我补充，作者还说"白天里一定要做的事，一定要说的话，现在都可不理。这是独处的妙处"，可以看出作者在独处时，不仅仅会思考人的生存现实，还会打开心扉，感知自然大美，聆听宇宙天籁，从而寻得一种诗意安宁的状态。

师：分析得太好了，我也觉得概括为"平常的自我"和"理想的自我"比较恰当。那么我们继续思考，作者笔下"平常"的自我是怎样的状态？

生 1：文章开头可以看出是不自由的、不宁静的。

生 2："山河破碎风飘絮，身似浮萍雨打零"，作者平常的自我是负重前行的，尤其在当时的时代背景下，作者心灵的不自由还可能来源于深深的时代忧患意识。

师：太棒了，分析得深刻入理，我认为同学们的回答也道出了现代社会成人世界的某种常态：在红尘，有丝竹乱耳；在官场，有案牍劳形；在婚姻里，似羁鸟池鱼；在职场中，犹困兽之斗；在家庭，俗务剪不断理还乱……总之，生而为人，在现实与理想中有我们不得不承受的隐忍和挣扎。也许，这也是作者隐藏在字里行间的生活哲学：现实是逼仄的，灵魂是渴望舒展的。那么请同学们结合文本继续思考他渴望的理想"自我"应该是怎样的？

生1：精神上自由的。

生2：一种暂时离开了人间烟火的心灵释放。

生3：能有一方独处的空间，回归一个真实的自我。

师：同学们说得很深刻，那么大家能不能用一句诗来概括这种生命状态呢？

生1："不管风吹浪打，胜似闲庭信步。"

生2："回首向来萧瑟处，归去，也无风雨也无晴。"

生3："偷得浮生半日闲""心情半佛半神仙"。（师生笑）

生4："静观庭前花开花落，笑望天上云卷云舒。"

生5："行到水穷处，坐看云起时。"

生6："久在樊笼里，复得返自然。"

师：很好。那么同学们觉得一个人在这样的状态下会有怎样的收获呢？文中的"独处"能不能等同于"孤独"呢？

生1：我认为独处不是孤独，独处是一种自由的情怀，是一种诗境和妙境，如李白诗中"众鸟高飞尽，孤云独去闲，相看两不厌，只有敬亭山"，是一份和谐心境。

生2：孔子说"吾日三省吾身"，可见，一个人的自省往往是在独处时完成的。

师：多么深刻的领悟啊！现实中，如果一个人的精力向外投射太多，他是无法完成内在精神的反省的。

生3：陶渊明"采菊东篱下，悠然见南山"，一个人内心修篱种菊，独对大自然，可以觅得一份超然物外的士大夫情怀。

生4：苏东坡"谁见幽人独往来，缥缈孤鸿影"，在无人理解的苍凉世间，苏子独对月夜，识尽人生况味仍然如此豁达洒脱。

师：这世上确实有很多可以独享的生命快乐，这快乐比群居来得更深邃，更自由，更诗意。

生5：陈子昂独对宇宙时空，仰天长叹，在独处中试图超越"前不见古人，后不见来者"的人生困境。

生6：毛泽东"独立寒秋"，抒发了主宰沉浮的家国情怀；梭罗独居瓦尔登湖，领悟天人妙合之境。

（师生掌声）

师：叔本华说"只有当一个人独处时，他才可以完全成为自己"，罗曼·罗兰说"世界上只有一种英雄主义，那就是认清生活的真相后，依然热爱生活"。在以上环节中，我们通过细致品味语言，看出作者所渴望的自由，是内心超脱于现实功利之上的，这自由这独处是消解内心苦闷的一种方式，是对现实羁绊的超越，是渴望一种欣于所遇，暂得于己的快然自足。

生 成 感 悟

感悟一：巧借课前预习，助力精彩生成。在语文教学中，教师要善于培养学生良好的预习习惯，比如以问题为抓手指导学生进行深度预习，在预习过程中实现对学生"润物细无声"的情感熏陶、哲理启迪和审美愉悦。在本案例中，因为学生课前对《荷塘月色》进行了读写结合的细阅读，所以在师生共同分享预习成果时，学生的表达唯美深刻，亮点炫目，可以看出学生对文本已经有了较深的领悟，从而为进一步学习课文营造了一个诗意生动的场景。

感悟二：巧设"问题"平台，搭建思维"高阶"。问题是学习发生的根本原因。所以在教学活动中，基于学生学习和思考的问题设计显得尤为重要，如何设计问题更是语文教师教学智慧的体现。本案例中，教师抓住文章第一部分的核心要素——"自我状态"进行设问，比如对不同状态下的"自我"特点进行探讨，还有对"独处"特点及文化意蕴的分析，都是采用一个一个由浅入深、环环相生的问题实现的。这样的问题引导，开放灵活又不散漫无序，一方面让学生通过细致品读语言，掌握散文"形散而神不散"的特点；一方面学生对"现实""理想""自由""独处"等关于人生存状态的概念有了深入思考，为学生准确理解朱自清先生在文中表现的含蓄蕴藉心灵世界和人格情怀提供了可能。

感悟三：巧妙弱化讲解，尊重多元生成。教师在课堂教学中经常会因为赶进度完成自己预设的教学内容，往往在提出问题的同时，无意识地给学生一个先入为主的结论，从而造成学生的思维被拘囿，最后不得不向老师的暗示靠拢。在本案例中，教师没有过多地对《荷塘月色》做先入为主式的整体串讲，而是充分倾听和尊重学生的理解，尽可能地让每个小组的学生都能表达自己的声音，所以学生在品读文本的各个环节中才会闪耀出智慧的火花，这样的课堂因为关注学生的个性体验而收获了很多意外的惊喜。

感悟四：巧用学生灵感，促进生命成长。言为心声，教师要善于把学生在课堂上生成的"智慧火花"打造成一把金钥匙，开启学生自我发展、自我成长、自我超越、自我升华的精神之门。在本案例中，教师将学生对自我生存状态思考的"只言片语"概括为：在红尘，有丝竹乱耳；在官场，有案牍劳形；在婚姻里，似羁鸟池鱼；在职场中，犹困兽之斗；在家庭，俗务剪不断理还乱……教师还帮助学生挖掘作者隐藏在字里行间的生活哲学，让学生懂得，即使现实是逼仄的，但人的灵魂都是渴望舒展的，用以启发学生领略文章中深沉的人文情怀，学会审视自我生命，敢于认清自己的内心世界，有勇气面对自己的精神世界。这是课堂生成的另一种存在，这种生成的价值与学生的生命成长同在。

写在最后

帕斯卡尔说"人只不过是一根苇草，但他是一根能思想的苇草"，语文课堂应该是一个真实的生态世界，这个生态世界的主体是一个个有思想、会思想、乐思想的孩子们，只要教师帮他们打开一个小口，仿佛若有光，孩子们就会寻着这一缕微光去寻找，在同一文本里找到各自不同的世界。作为教师，可以期待他们看到参天耸立的大树，也希望他们凝目星罗棋布的小草，不管他们看到了什么,只要每个孩子在语文的世界里能自由呼吸,能找到参与课堂的必要和意义,能多元平等地共存,那么,一个看起来并不完美的课堂,它一定是一个真实的课堂。语文课堂不仅要最大可能地让每个孩子都变成一棵"生长想法的树",而且要让他们的想法像一颗颗果实高挂枝头,沉甸甸的,最终成为他们内心深处最坚实的力量!

牛森惠

甘肃省武威第一中学

传记篇

何处春江无月明

——《沈从文：逆境也是生活的恩赐》教学生成之思

写在前面的话

"滟滟随波千万里，何处春江无月明。"是深沉丰厚又轻盈灵动的水，是干净纯正又大象无形的月，是水与月的美丽邂逅，激荡交融孕育了生命，延展了生命。一节好的语文课是什么样的？我期望它是一条有月光的河。它应该有丰厚的内涵，有智慧的光亮，有流动的姿态，有生命的跳跃，有茵茵诗意……这就是生成的课堂。有生成的语文课堂是活着的、生动的，它不再是知识的碎片堆积、师生木偶戏的排练。有生成的语文课堂是尊重学生、助力成长的，它让学生真正成为学习的主体，为自己每一个感受、思考和体悟而欢喜。有生成的语文课堂是科学建构的，它基于并培养有情怀、有思想、有学习能力的师生，让语文学习成为登山观海、成就超越的美好旅程。

基于准确的教学目标和对作品的高度把握，着力于问题设计和语文素养的提升、思想的碰撞，我们的语文课一定会趋向活力、生命和诗意。

课堂实录

师：沈从文所写的"那一本大书"指什么？为什么吸引我们？（选择最吸引你的细节赏析）

生："大书"使用了比喻的修辞手法，指的是美丽丰富的大自然和广阔有趣的社会人生。

生：吸引我们的是大自然中新鲜的声音、颜色、气味，即便是黄牛被屠刀插进脖子的叹息声、大黄喉蛇的鸣声，或者死蛇的气味、腐草的气味、屠户身上的气味，这些都是我们未曾经历过的，却觉得就在眼前。

师：是的，确实是又细腻又生动，让我们觉得自己缺了什么。

生：我们缺少那种丰富刺激的生活。比如和大哥斗智斗勇，这一段真是有趣，尤其是描写哥哥"用他那双常若含泪发愁的艺术家的眼睛赏鉴了一下，或坐下来取出速写簿，随意画两张河景的素描，口上嘘嘘打着唿哨……"把小孩子的"坏"描写得很生动。

生：我觉得是他的开心快乐吸引着我，文中写了大量我们未曾经历的生活，比如到乡下去收谷子，一句一事，可以感受到作者跳跃的心情。

师："跳跃"用得好。这篇文章确实比一般传记吸引人：内容丰富多彩，描写生动细腻，情感充沛。阅读提示说这是哪种形式的传记？

生：（**齐答**）文学性传记。

师：对，是用散文笔法写成的。散文贵在"形散而神不散"，那这篇散文化传记的"神"是什么？或者说，作者写这本"大书"到底想表达什么呢？结合文章内容及他的《边城》等文学创作探究一下。

生：传记作品的核心就是表现传主的精神品质。这篇文章的标题是《逆境也是生活的恩赐》，所以选择的内容都是表现作者坚韧顽强的精神品质的。

生：我不赞同你的看法。作者的童年哪有什么挫折？从文中的描写来看，他家有不少土地，还有佃户，生活是比较优裕的。他最大的挫折是因为读书不好而罚站，可四个教员两个是他表哥，真看不出来逆境。

师：是这样，这篇文章节选自《从文自传》，题目是编者加的。我们今天学习的是原传记的第三、五章，"逆境"不明显，后面的第十五、十八章就明显了。

生：我觉得"大书"是表现他富有好奇心、热爱生活、善于思考的个性品质。正文前面有沈从文的三句名言，第二句是"我的心总是对一种新鲜声音、新鲜颜色、新鲜气味而跳。我得认识本人生活以外的生活，我的智慧应当从直接生活上得来，却不需从一本书、一句好话上学来"，这是说他充满好奇心。第三句是"照我思索，能认识我；照我思索，能认识人"，这是说人要善于思考。

师：你说得有道理。一篇文章的"神"在字里行间，大家能在文中找出依据吗？

生：第一节的第二、三段，作者说"我生活中充满了疑问，都得我自己去找寻答案""在我面前的世界已够宽广了，但我似乎就还得一个更宽广的世界"。

师：原来作者把自己的内心想法直接写出来了，可见自传中使用心理描写能突出人物的精神风貌。我们继续讨论"神"的问题。

生：从小标题来看，作者想表达自己对成才的看法。一是读"小书"，即书本、学校里的教材等；二是读"大书"，即自然和社会生活。在自然中，作者认识了很多东西，比如树木的名称、草药，看制造瓷器、造纸、榨油、修补旧船、打猎，学会了钓鱼、采笋子、采蕨菜，学习编织小篓小篮、做哨子、做唢呐、游泳、翻跟头……正如作者所说："这样玩一次，就只一次，也似乎比读半年书还有益处。"杜甫也说过："读万卷书，行万里路。"不能说读书完全没用，但多亲近自然，观察、体味和思考生活，一定能丰富见闻，增长见识。

师：沈从文的小时候确实让人羡慕，他的见闻、经历和见识有的人一生都未见得有，即便有，也不见得能留下深刻印象或用文字记录下来。这不得不说到沈从文的主业——写作。大家能从他的写作经历和成就谈谈这篇文章叙写幼年、少年时光的目的吗？

生：我认为小时候的生活经历为他成为作家打下了坚实的基础，培养了观察、体味生活的能力。文章写道，"又过卖猪处看看那些大猪小猪，查看它，把后脚提起时必锐声呼喊"，这让我想到了"雄兔脚扑朔，雌兔眼迷离"，也是生动地描绘了兔子被提起来的样子。

生：没错，比如《边城》里的翠翠，初见傩送时的羞涩、恼怒，特别生动。一个男作家能把小姑娘写得这么好，绝对不是凭空想象的。

师：说得好！《边城》中还写了很多湘西人，他们都有什么特点？

生：傩送！聪明、勇敢、善良、幽默，山歌唱得好。

生：顺顺！当官的，但是特别热情、善良。

生：爷爷！勤劳、厚道，对翠翠特别慈爱。

生：坐渡船的人！豪爽大方。

师：大家有没有发现，《边城》中没有坏人，怎样理解这种奇怪的现象？

生：老师以前讲过，《边城》是沈从文心目中的净土，他写《边城》，是源于对现代都市文明的厌恶，所以渴望拥有一个精神的家园，去过田园牧歌式的生活。陶渊明的《桃花源记》不也是这样吗？

生：这篇传记和《边城》一样，都有着明显美化的成分。就像《归园田居》，明显滤去了乡村生活的烦恼，把乡村写得充满诗意，那其实是陶渊明的精神田园。

师：说得太好了！也就是说，"那本大书"是真实的也是精神的，它为沈从文的创作提供了丰富的素材，也形成了他一生坚持的人生理想和写作理想——讴歌美好人性，表达对质朴美好的传统文明的怀念。文学作品的阅读，就要从文学的角度进行。沈从文先生的"照我思索，能认识我；照我思索，能认识人"说的就是从文学、文化的角度思考，既能理解我，也能理解生命！

生 成 感 悟

感悟一：课堂生成应基于准确的教学目标的设定。传记教学的要点是把握文本特征，探究文本中蕴含的人文价值和时代精神，提升语文素养。所以课堂活动紧紧围绕沈从文的人生经历及精神情感展开，既引导学生与大师对话，沐浴智慧和精神的光照，又引导学生学会阅读和写作传记。

感悟二：课堂生成应紧紧围绕作品的个性进行。传记文本有规范的形式，但"规范形式是共用的、可重复的，而文学文本的生命则是不可重复的、唯一性的"（《文学文本解读》，孙绍振、孙彦君）。《沈从文传》的唯一性在于它是一篇文学性传记，还是展现作者独特的精神世界、文学世界的自传。在设置问题时要引导学生感受、理解文章生动的描写及其中蕴含的思想情感：对"世外桃源"式的乡村社会的热爱，对"一种'优美、健康而又不悖乎人性的人生形式'"的赞美与追求。学生可任选自己喜欢的内容进行赏析评价，对文章主旨的理解也可以各抒己见，但教师的问题设置及引导不能偏离文本的个性化内容和形式。

感悟三：课堂生成应着力于课堂设计的艺术。设问探究是语文课堂的重要组织方法。问题的设置要拒绝琐碎化、线性化，而趋向大问题、板块化。琐碎问题与线性设计必定是充分预设的，其表现是教师统治课堂，课堂活动整齐划一，结果当然是不生动、无生成、伪生命的。整个课堂只围绕传记的内容和主题展开，学生既可以畅所欲言，又不至于胡拉乱扯，较好地完成了阅读与写作、语言与思维培养任务。大问题、板块化设计是对教师的宏观思维、博大胸怀、高深素养、精湛技艺的检验，也是课堂丰富多彩、充满弹性，学生积极思考、充分探究的保障。

感悟四：课堂生成应着眼于学生语文素养的提升。语文学习首先在于语言的建构和运用、思维的发展与提升、审美鉴赏与创造、文化传承与理解。这种语文素养的提升是基于已有经验积极主动地建构知识的过程，也是生成教学的核心。整个课堂围绕两个由浅入深的问题展开，是带领学生走进文本，感受和揣摩语言，在已有的传记文本和乡村文学阅读的基础上理解感受文学性传记语言之优美隽永，思考体悟生活之美、精神世界之美。学生能从沈从文对乡村生活的描写中读出诗意，能联想到《边城》《桃花源记》《归园田居》，并进而理解沈从文的文学世界和精神追求是本课最大的亮点。这说明学生在建构语言和知识，获得了思维与鉴赏能力的提升。

感悟五：课堂生成应体现思想的碰撞。读者与作者、师生之间、生生之间的思想碰撞是交流信息、强化知识、启迪智慧、提升感悟的重要途径。课堂上学生对这篇传记主题的探究，关于标题的争辩，以及由细节描写联想到《木兰辞》的"雄兔脚扑朔，雌兔眼迷离"等无不是思想碰撞产生的意外之喜。教师关于沈从文迷之句子"照我思索，能认识我；照我思索，能认识人"的解读也是与学生深入交流而水到渠成的结果。

写在最后

说到生成，必须谈到预设。有人提到预设就嗤之以鼻，在课堂上天马行空。其实，真正的、高水平的预设和生成是相辅相成、相生相长的。预设越是精准高妙，生成越是鲜活灵动；生成若能步步生莲，预设自然水到渠成。它们在彼此提升与成就中创造"滟滟随波千万里，何处春江无月明"的美丽境界。

生成的语文课堂是一条有月光的河，每个学生的心灵也应是一条有月光的河。我们应珍视学生的点滴积累、体验和情感，并不断地用纯洁的教学情感、先进的教育理念帮助学生注入活水，沐浴月光。心怀对语文的热爱，坚守教育初心，把握语文的真谛，每节语文课、每个学生的心田便都会诗意盎然，生命涌动。正所谓"千山同一月，万户尽皆春，千江有水千江月，万里无云万里天"。

杜凤慧
陕西省宝鸡市长岭中学

一字之美,生命之成

——《杨振宁:合璧中西科学文化的骄子》课堂生成之思

写在前面的话

语文之美,在诗,在文,在彰显生命之美。课堂之美,在思,在悟,在生成智慧之光。和学生一起徜徉语文的殿堂,遇见一场花雨,缠绵喜悦;遇见一首诗,温润熨帖,遇见一个故事,人面桃花……

课堂的所有遇见,都是思想激荡而生的光芒,都是年轻活泼的生命探究的智慧之思。我们应该鼓励学生进行深入的广泛性的思考,不要轻易地打断甚至武断学生的阐述。有时候，学生总结的一个字，有可能挖掘出来就是文本人物的生命至美之处。这就是课堂生成，虽然不多，但吾心向往之，追求之。

语文课堂，应该是一泓活水，新鲜清新，温润心灵；应该是一个舞台，人人都是演员，又都是观众，演绎生命的多种可能；应该是一曲长歌，或柔美动听，或哀婉凄恻，歌尽生命的悲欢……

课堂实录

师：同学们，如果让你用一个字来概括阅读本课的感受，你会用哪个？请分组讨论，然后展示发言。

第一组。

组长："爱"。我觉得杨振宁先生为人类的"爱"字做了生动鲜活的说明。

组员1：我认为杨先生的爱首先是对生命自身的爱，因为他热爱自己的生命，所以他从不浪费自己的时间，而是紧紧抓住每一寸光阴，不断地充实自己，完善自己。这样勤奋地对待生命的人，必然会得到最美的馈赠。杨振宁先生在物理学上的成就，绝不只是智慧卓绝的结果。

就像曹操的建功立业绝不只是得益于他"挟天子以令诸侯"的狡诈和"宁可我负天下人，不可天下人负我"的残忍，更重要的是他在感叹人生短暂的同时，做的事情是积极地招贤纳士。

师：你提到了两个让老师欣慰的概念，即"生命之爱"与"生命之成"。我们很多人在向梦想奔跑的过程中，只顾着仰望星空，却忘记了脚踏实地爱自己的生命。

生：（他组）我想问一问，我们应该怎么理解阮籍的放浪形骸、穷途之哭和他在文学史上所获得的生命？

组员2：从表面上看，阮籍的种种行为让我们无法接受他对自己生命的浪费，甚至我认为是摧残。但是考虑到魏晋南北朝时期的社会特点，我又觉得他的浪费和摧残，其实是用另一种方式对生命的保护。试想，如果他坚持顺从自己的内心不仕曹魏，那么他的生命也许早就灰飞烟灭了，哪里还会有文学史上的阮籍先生呢？

师：问得辩证，答得也辩证。我们学语文，其实是在解读生命，也是在解读历史，当然也关注现实。面对不可预知的人生，人们的遭际不尽相同。如乔布斯、马云、杨振宁等，他们身上表现出传奇性的色彩，普通人难以超越，但是他们身上的某种精神，比如追求精神，我们却是可以模仿的。作为凡夫俗子，我们虽然不能人人都头戴王冠，但一定不能缺少了"欲戴王冠，必承其重"的精神。

组员3："高山仰止，景行行止。"杨振宁先生身上浓浓的对国家的爱，让我敬仰。

生：(他组)你说杨振宁爱国，还是浓浓的爱，那他为什么还要加入美国国籍？他这是对国家的背叛。

组员4：说背叛未免太重了。打个比方，你爱你的父母，你的故乡，难道就一辈子守着他们，不结婚，不远游，甚至放弃大城市、国外的工作机会？我认为杨振宁先生的这一行为，的确触动了国民心中的那根敏感的弦，甚至让我们怀疑其爱国的程度，但是他最终不是回来了吗？行动的说服力还不够吗？他为什么最后选择回归，就是那剪不断、割不舍的浓浓的爱国深情。人啊，无完人，不要苛求。

师：一往情深深几许？满身金辉归国时。参天的大树，离不开根本。杨振宁物理学的茁壮根系，在西南联大这片沃土里往深处钻，往广处长，为大树的繁茂，汲取着丰富的营养。这样的国家，他爱得深沉，爱得浓烈。

师：语文之美，在你、在我，一起探索和思考，多少瞬间生成的力量将沉淀成我们终生享用不尽的资源。

第二组。

组长:"慧",聪慧,明慧。一个真正拥有智慧的人,必是一个明慧的人,他能在人生的关键时刻做出正确的选择。

组员1:人的一生很长,但关键的只有几步。这关键的几步杨振宁先生走得沉稳,为他在物理学方面的成功奠定了坚实基础。你看,在选择学习专业时,他报考的是西南联大化学系,因为没有读过高中物理。但是,入学后,他发现自己对物理学更感兴趣,于是转入了物理系。这样冒险的选择,如果换成我,可能没有那个胆识和果断。你们敢吗?

师:如果是我,真没有那份勇气,更没有杨振宁先生的那超卓的智慧,所以我注定平凡。但是你们的未来可是无限精彩的,不过,也不能盲目挑战,要真正认识和分析自己的能力。

组员2:的确,这一转,转出了杨振宁先生一生的辉煌。但是他的人生可不是只有这一次转向。

生:(他组)杨振宁在艾里逊实验室经常手忙脚乱,窘相不断,在泰勒老师的建议下,他分析了自己的长处和短处,最终决定放弃写实验论文而转向理论论文。由于这一明智的抉择,杨振宁给理论物理学带来了大辉煌,也给自己人生加冕。

组员3：杨振宁先生人生的每一次转向，都转出了人生的精彩，我想做出这样的选择，不是源于幸运，而是他长久积淀的学养和明慧的思想。

师：人的一生会面临很多的选择，该向哪个方向前行，智慧的人心里永远是明明白白的。我喜欢这样一句话："愿有人陪你颠沛流离，如果没有，愿你做自己的太阳。"

第三组。

组长："缺"，缺憾。我感觉看到的是一个神而不是一个人。在这篇传记里，我们看到了一个有着远大志向、饱满的学习热情、严谨的探索精神、博大的爱国情怀的杨振宁，我们看到一个没有任何瑕疵的、刚毅的杨振宁。我们被这种完美的力量激涌着血液，激励着前进。我不否认他带给我们的所有的正面的力量，但是我也希望看到一个更丰富的，优点和缺点共存，刚毅和柔美共存的生命个体。

组员1：我觉得司马迁写人物写得真好，我特别欣赏他写项羽的那部分。《巨鹿之战》刻画项羽破釜沉舟的战场厮杀的英勇，《鸿门宴》表现他的骄傲自负和优柔寡断，《项羽之死》表现末路霸王的侠骨柔情和自矜功伐，给我们全面地展现了一个有血有肉，有事业有生活的项羽，而不是一味地颂扬或贬斥。

组员2：我前段时间看蒋勋的文章。他谈论一个人看到的生命的真实和生命的丰富。特别喜欢他写王维，写王维的少年野心、青年意气，"相逢意气为君饮，系马高楼垂柳边""孰知不向边庭苦，纵死犹闻侠骨香"，那是年轻的生命里非常美的时刻。还喜欢他写王维生命体验过的旷野、大漠、繁华、空虚。也喜欢他写王维晚年禅意生活"行到水穷处，坐看云起时"的宁静淡泊。多好！好文章应该展现给读者的是生命的多样性，而不应该是单纯的歌颂，让人觉得很假。

师：从展现生命多样性的角度来看，你们组的看法，我是很赞同的。每一个个体的生命都会有很多不同的追求，但是当他把某一种生命状态变成了典型的时候，可能我们往往会忽视其他。杨振宁先生就是把追求卓越和科学钻研变成了自身一种典型的生命状态。从文体特征来说，这是一篇人物小传，其特点就是不铺开描写传主的事迹，而是只围绕"合璧中西科学文化的骄子"这个主题选择材料的，所以你只看到了他的光芒。阅读文章，能发表自己独到的见解，老师很欣赏，但是也要关注比如文体等各方面的特点。充分结合，才能理解得更准确一些！

生 成 感 悟

感悟一：一节真正成功的课，不是验证文本的观点，也不是验证老师的预设。这样的课堂，能加深对知识的印象，及对他人理解的认同程度。但是，在开发学生的思维方面，作用甚小。所以本节课，我没有按部就班地让学生筛选文本的信息，总结杨振宁成功的方法。而是设计了一次体验式的谈话活动，让学生以小组为单位，用一个字来概括读后的感受。这是一个很开放的，给了学生很大发挥空间的主题式课堂活动。所以乐于自由表达看法的学生很多。

感悟二：给学生什么样的课堂，他就会获取什么样的知识和能力。语文课堂，应该是诗意的，深刻的，轻松的，活跃的。这节课，我没有用PPT，只用对话，把说话的权利交给了学生，他们也很主动地接过了我赋予的权利，自由地讨论、表达对传主、对生命、对社会、对人生的看法。时而搞笑，时而深沉，时而卡壳，时而滔滔。自由而不胡闹的课堂生成的智慧启迪着每一颗跳动的心。

感悟三：用学生喜欢的形式，鼓励学生积极表达，创新表达，是课堂生成的有效途径。但是当学生的思维偏离文本思想的时候，老师要及时地引导学生回归，同时又不能挫伤学生的积极性。我的语文课堂，尽量给学生创设思考发言的机会，所以学生参与热情很高，并时时能产生独到的见解。就像本文学生谈论到"爱"字的时候，他们反应很迅速，能提出和阮籍的对比，在这样的思想碰撞中，不仅加深了对杨振宁的"爱"的理解，更加深了对"生命之爱"和"生命之成"的理解。

写在最后

"生成"是新课程倡导的一个重要的教学理念。它注重课堂上师生互动中的即兴创造，以超越预设的目标和程序。特别是语文课，每一节都应该是不可重复的激情和智慧相伴生成的过程，都应该是让学生尽情绽放自己思维感受的过程，而不应是预设的一成不变的程序的完成。因此，没有生成的课堂是没有生命活力的。

学生是课堂的主体，老师是主导，只有正确理解了这样的师生关系，课堂的生成才会成为可能。这对老师和学生的能力都提出了很高的要求。因为生成是在预设之外的思考表达，需要大量阅读积累和快速的反应能力。我个人感觉自己还需要多方面的提高才能让我的语文课堂游刃有余，才能从容应对课堂生成的动态资源，启发和引导学生向更深、更广、更积极的方向发展。

王江贤

陕西省渭南高级中学

突破预设,教学相长

——《鲁迅:深刻和伟大的另一面是平和》课堂生成之思

写在前面的话

什么是好的语文课堂,什么是精彩绝伦的语文课,这两个问题的答案历来众说纷纭。可无论评课者怎样定性,我都认为在课堂上能让每一位学生汲取到养分,获得精神上的升华才是一堂真正的好课。

怎样才能汲取养分获得精神上的升华呢?这时候,课堂活动中的生成性资源便是决定性因素。叶澜教授曾在《重建课堂教学过程》中提到:"学生在课堂活动中的状态,包括他们的学习兴趣、注意力、合作能力,发表的意见和观点,提出的问题与争论乃至错误的回答等,都是教学过程中的生成性资源。"课堂上生成的资源便是能盘活课堂,让课堂随时起飞的基石,也就是能让学生汲取到的滋养灵魂的养分。

生成性资源是一节课的灵魂。它不固定、不死板,更不是顺着教案,一条道儿走到黑。它是灵活而不可捉摸的,它是随机的,它是课堂上教师与学生心与心碰撞,瞬间四溅的火花儿。它迸发时四耀的光芒,正是一堂语文课精彩之处。

教育的对象不是一成不变的机器,他们是一群充满青春活力的孩子,是一群随时可以异想天开的孩子,正是他们驿动的灵魂才让课堂富有了生机和活力,正是他们的博学深思才让我们这些老学究们不断充实自己,用一堂堂精彩成功的课来丰盈自己的教学生涯。所以我们教师要预设课堂又要突破预设,达到教学相长的目的。

课堂实录

师:鲁迅,现代文学史上一座不可逾越的丰碑。他的作品更是现代中国人不可缺少的精神食粮。然而,鲁迅离我们又是那样遥远,他永远只出现在老师的讲解中,学校的课本中,我们的想象中。鲁迅到底是怎样的一个人?今天,让我们走进萧红女士的回忆录《鲁迅:深刻与伟大的另一面是平和》,深入了解生活中的鲁迅。

师:在正式进入课文前,大家思考一个问题:你是否喜欢鲁迅?为什么?(简单说明理由)

生:我喜欢他是因为他是文学家。他写了很多经典的杂文。我们课本上就学过好几篇。

生:我喜欢他是因为他是一位思想家。他的每一篇文章都有很强的思想性,有很多经典的语句直指人的内心深处,所以我觉得他是一位伟大的思想家。

生:老师,我觉得鲁迅先生应该还是一个伟大的教育家,他对年轻人的成长很关心,也很支持。

师:伟大的文学家、思想家、教育家,大家喜欢鲁迅先生原来是因为他是三大家出身啊,很好,谁还愿意继续分享你的感受?

生:老师,我喜欢鲁迅先生那匕首一样的笔锋,他的很多句子让我觉得那就是对社会现实的批判。

生:老师,我能不能说我不喜欢鲁迅啊?

师:当然可以,你来说说为什么不喜欢鲁迅?

生:他的文字虽然深刻,但对我们而言,我觉得还是艰涩难懂，每次都是老师给我们解读他的文字，可我却很难理解他的思想。

师：很好，这位同学大胆地对鲁迅先生说不喜欢，让我听到了真话，鲁迅先生一生就是在说真话，所以语言犀利，但所处时代的特点，让鲁迅先生有些真话用了曲笔，这下就让有些同学读起他的文章感到艰涩难懂。

生：老师，我觉得从他的作品字里行间里我可以感受到他是一个孤独、敏感、刻薄、固执、清醒、冷峻、暴躁、勇敢、坚决、睿智的多面矛盾体。

师：你真厉害，从他的字里行间就能读出一个人的性格特点，确实厉害，而且对鲁迅先生的解读还是一个多面的矛盾体，看来你对他的作品读得广泛而深刻。（响起掌声）

师：大家的发言，让我很欣慰。从以上同学的发言来看，鲁迅是一个高大上的、很难接近的人。

师：无论我们对鲁迅先生有怎样的印象评价，其实我们都忽略了鲁迅先生"人"的特性。

师：下面我们在预习基础上再快速读一下文章，看看作者萧红捕捉了哪些日常生活的细节来刻画鲁迅？在这些生活细节中，鲁迅又留给你怎样的印象？

生：我认为作者写了鲁迅先生的笑容，可以看出他是一个明朗、爽朗、平易近人的人。

生：我觉得作者还写了鲁迅先生的人际交往，文章里涉及了他与两类人的交往，他对客人热情、真诚、随和，他对青年关心、爱护、宽容。

师：还有哪些细节呢？

生：老师，我认为还写了父子之间相互的民主与尊重。

生：我觉得还写了对待死亡的态度是平静与坦然。

师：太棒了，你们对文本的预习让老师都感动了，几个同学的发言都捕捉到作者的思路，也就捕捉到了刻画鲁迅先生的细节，很全面。

师：那么接下来，通过以上的分析，你对鲁迅又有什么新的认识？

生：通过上面的分析，我看到了鲁迅也是一个平凡的人，他在生活中的角色也很简单，丈夫、父亲。

生：觉得鲁迅已不再是一个高不可攀的大作家了。

生：我发现鲁迅他可以拿着锐利的匕首直刺敌人的心脏，也可以抛开封建礼教给许广平写下爱意绵绵的情书，他很真实，既骨感又丰满。

师：骨感又丰满，好词，精当恰切！

生：我觉得鲁迅既有柔情蜜意地享受家庭的温馨与浪漫，也有自由自在地与朋友彻夜长谈。

生：鲁迅先生他可以与儿子海婴深情地尽享天伦之乐，还可以如慈父般谆谆教诲萧红，并且指导她完成《生死场》……感觉鲁迅就像身边的长者，很亲切。

生：我觉得萧红笔下的鲁迅生活化、人情味十足，可亲可敬，不再那么高冷。

师：现在的流行词真好，"高冷"把学习这篇文章之前很多人对鲁迅先生的印象高度概括了。

师：同学们捕捉到了这么多的细节，萧红女士是不是想到哪里就写到哪里呢？如果不是，那她是怎样把这些细节材料组织起来的？

生：我觉得差不多吧，萧红女士应该写的是感悟，所以想到哪里就写到哪里的。

生：我倒觉得作者并不是想到哪里就写到哪里，好像有一定的层次，但我总结不上来，不好意思，老师。

师：没有什么不好意思的，如果你们一下子能总结出来，哈哈，还要我们老师做什么呢？只要有感触，只要有想法，都是咱们语文课重要的收获。

生：老师，我来试着总结一下，我觉得作者是从三个方面来组织这些细节的：第一，是从他是个普通人的角度；第二，是从文学家的角度；第三，是从思想家的角度。不知道说得对不对。

师：非常好，你把老师下面要进行的总结分析都提前说了，谢谢你，对文本如此深刻的理解，你的总结概括能力也是超棒的。

师：今天，我们通过课文了解了鲁迅，我们要从三个层面来走近鲁迅：作为普通人的鲁迅，他为人平和；作为文学家的鲁迅，他是一个个性鲜明，笔锋犀利，冷峻孤独的人；作为思想家的鲁迅，他对中国黑暗现实洞若观火，他敏锐地发现了传统文化对中国人造成的巨大的精神奴役创伤。他是一个思想深刻，见解独到的人。

生 成 感 悟

感悟一：教育首先要解放人，而不是束缚人，更不是压制人（陶行知）。我们要解放学生，让学生敢说、敢想、敢干——敢于质疑，敢于创造，善于创造。还记得初次执教《荷塘月色》时，自认为很圆满地完成了教学目标，可有个柔弱的女生突然冒出来一句"老师，《荷塘月色》里面写景的句子好假啊！"这一句如炸雷，炸在了一个刚刚想通过教学预设来树立课堂威严的年轻教师心上。年轻无知的我用一句"人家都说好美的景色，你怎么能说是假的呢！"就硬生生剥夺了这个孩子课堂上的话语权，用教师可怜的尊严压制了孩子的思维天性。好一个"人家都说"啊！现在想来，那是多么难能可贵的生成性资源啊。教师，尤其是我们语文教师更不能在课堂上以己度人，束缚压制孩子们的思维。

感悟二：一堂预设的语文课应该变身为学生活跃思维的竞技场以及老师提升自身的研修场。孩子们可以随着教师预设的问题，但绝不是教师预设好的答案进行思考。在课堂中，每个头脑都在不停地思考，学生在教师的指导下主动思考，能力得以提高，思维得以发展，睿智得以体现。而我们教师在学生生成性的答案中，也能获取新奇大胆的信息，从而突破自身思维局限，提升自身创新性思维。

感悟三：作为语文教师，要使课堂体现生成性，那就要有强烈的资源意识，去努力开发，积极利用。作为课堂教学主体的学生是一个个鲜活的生命体，他们呈现在课堂上的方方面面必将成为最珍贵的教学资源。尤其面对学生在课堂的即时质疑，更应该高度重视，善于利用。当然，这有赖于教师应变能力强，教学功底扎实，在较短时间内能作出迅速的反应，并选择最佳的引导方式，加以肯定和欣赏。这样会让孩子们越来越勇敢，在课堂上的收获远远大于教学预设。

感悟四：语文学习作为一种创造性活动应是撞击学生心扉、震撼学生心灵的活动。语文课堂因生成而美丽。很多时候，孩子们一个出其不意的答案，可以让我们收获到未曾预设的精彩。因此我们教师在教学中要善于捕捉、长于引导，灵活把握善变的课堂，努力提高自己的教育智慧，提高促进课堂生成的本领，使朴实的语文课堂因有价值的动态生成而彰显无穷的教学魅力。

写在最后

曾经单线型课程设计的预设与铺垫忽略了学生个体的活跃性，以及思维的发散性，而我们的课堂生成恰巧给了学生一个自由思考的空间，也给我们老师提出了更高的挑战。教学相长便是语文课、诗意语文的发展之道。

台阶上的小草虽然不起眼，但杜甫用心灵发现了它的生命价值，发现了每一个生命独特的春情、春意。如果我们每位教师都能像杜甫一样，用自己的慧眼去捕捉课堂中的每一朵浪花、每一抹亮色，那么我们的课堂也将奏响生命的音符，萌发个性的气息。只有听到学生灵动的表达，理智地对待每个课堂动态生成，课堂会变得更加精彩，我们的语文课堂才会变得快乐，那孩子们的学习与老师的教授都将成为一种享受。这是语文教学恒久的理想和期盼，是语文教学的真谛和归宿。

我们的语文课应该引导孩子们慢慢去观察生活，体悟生活，去寻找他们的伟大之处，这样就必须突破课程预设的禁锢与束缚，在有限的时间内引导孩子们深入思考问题，大胆发表观点，形成他们独特的思想体系。

孙晓娟

陕西省宝鸡市渭滨中学

巧设情境,跨时越空觅深情

——《李方舟传》教学生成之思

写在前面的话

教学是创造性活动,教学成果不是可以提前预见的成品,每个精心准备的教学预设就像一块初有轮廓的璞玉,虽然珍贵,却依然不算珍品。课堂上学生或动情或思辨的心灵就是一把把灵巧又富有灵气的雕刻刀,自由游走于璞玉之上。教师要用精妙高超的技巧引导他们团结协作、化零为整,才能将璞玉变成真正有价值的杰作。

"自由游走"就是学生灵动的想法会在教学预设之

外闪光，教师要能够根据学生的思维变化、学习情绪及时创设情境，从而调动想象，激发情感，促进思辨。

《学会生存——教育世界的今天和明天》中说："教师……将越来越成为一位帮助发现矛盾论点而不是拿出现成真理的人，他必须集中更多的时间和精力去从事那些有效果和有创造性的活动：互相影响、讨论、激励、了解、鼓舞。"动态生成的语文课堂要求教师在准确把握大方向的前提下，呵护这些因独立思考或交流碰撞而产生的想法，不能瞻前顾后地担心完不成任务，抑或是诚惶诚恐地提防可能无法应对的突发状况，对学生的智慧之光视而不见。当学生能够携手对文本重点部分精雕细琢之时，一件意料之外的教学艺术珍品也会应运而生。即使有些缺憾又有什么关系呢？孰知其不为维纳斯呢？

课堂实录

师：《李方舟传》感动你了吗？你觉得李方舟是一个什么样的女性？

生：她对待工作严谨认真、一丝不苟，坚强、不轻言放弃。

生：李方舟在船舱帮助临产孕妇，毫不犹豫地把孕妇当作家人一样细心照顾，她的善良与仗义令人敬佩。

生：李方舟与她的老公相敬如宾，十分恩爱，每年她老公生日，她都带着孩子去为她老公过生日，是一个十分贤惠细致的女人。

生：为食堂工作的她最终没有得到工作证，校刊上淡淡几笔把义务劳工期间的付出给带过了，她只是淡然一笑。可见她内心宽大，有着很多男儿都不曾有的担当！

师：北大教授袁行霈说："英雄崇拜是与人类一样古老的现象。一种坚强的性格，一种伟大的人生，很好地记述下来，就能提示一种人生哲理。"方舟无私善良、有着极强的社会责任感，是一位平凡却了不起的女性，她已经牢牢地抓住了你们的心灵。刚才同学们关注的是方舟的社会身份所带来的价值。

（有生跃跃欲试想发言）

生：老师，刚才你说很多同学关注的是方舟的社会身份，应该指前面几件事。我觉得二人同游南翔古漪园这件事更能打动我。

生：夫妇同游是为给敦容过生日，这是一喜。古漪园环境干净雅致，这是二喜。游玩那天天朗气清，这是三喜。照理说，一个女艺人在远处悠扬低沉的歌声是不能够让一个心情大好的人陡然悲痛的，虽然唱词的内容是悲惋忧伤的。要是我的话就走开了，何必影响心情？

师：大家推测从始至终听的原因可能是什么呢？

生：这首词仿佛就是在诉说着李方舟的一生。"一声《何满子》，双泪落君前。"唱词中的故事肯定是和他们的经历有关，方舟是眼泪萦回，敦容也是满腔郁塞，他们对这位女艺人有一种"相逢何必曾相识"的感觉吧。

生："到老负君泪如泉""强留人间无面目"这些内容都暗合她对丈夫的愧疚之情，同样的苦痛产生了情感共鸣，所以她没有走开。

生：作者在这里既是怀念亡妻，又是对亡妻一生默默奉献却含冤而死的悲愤，更为未能做些什么悔恨不已。

师：是"悔恨不已"的吗？那为何又不做些什么呢？

生：作者或许是有歉疚，但在当时社会背景下，明目张胆地表达对亡妻的追思肯定是不太现实的。只能寄情于伶人悲歌，含蓄表达自己对李方舟的怀念追思。

生：一语成谶，唱词所讲的故事暗示了李方舟的悲剧。我猜这或许是作者虚构的吧？但这符合传记取材须以真人真事为依据，再现历史和人物的要求。

生：我也觉得是虚写，只要符合生活真实就可以。

生：这已是最后一章了，如果作者只是单纯实写游玩之事，作者内心的悲痛不能酣畅淋漓地抒发，权且用这样一首虚拟的伶人悲歌来回顾和方舟同舟共济的一生，也借此寄托哀思，勘称绝妙手笔。

（学生都点头认可）

生：我觉得作者即将结束全篇了，写作的时候仿佛仍然与相知相爱的人生活在一起，写完了就要真的与她告别了，唱词中的每一句都渗透着敦容的眷恋与不舍，是真正的天人永隔了。

师：你能给我们摘选着读两句吗？

生：（**声情并茂地**）大风风倾頽洞天地，余波亦复到穷乡。摧残谁能知爱惜，别来但觉尘满床。（**低沉**）玳簪珠珥久抛却，罗衫纨扇空满箱。呜呼，岂知玉骨付飞焰，至今尘土有余香。

（同学们不约而同跟着小声齐读）

生：老师，我想起了《红楼梦》里的"陋室空堂，当年笏满床。衰草枯杨，曾为歌舞场。……说甚么脂正浓、粉正香，如何两鬓又成霜？"这里面有一点虚空的感觉，我觉得作者当时肯定觉得心都被掏空了，这种情感厚重得让人喘不过气来。

师：纷纷世事无穷尽，天数茫茫不可逃。朱老先生平实质朴的语言下涌动着一腔混杂着痛苦、不舍、悲愤的复杂情感。我们看传记文学并不是人物事件的简单记录，一些局部细节可以借助想象等手法进行艺术加工。比如文末先生把情感融入言近旨远的中国古典诗词中，情韵悠长啊。那么你们能列举并试着品评一篇（或一部）你喜欢的文学作品意味深长的结尾吗？

生：苏轼的《江城子》。（婉转低回）"料得年年肠断处，明月夜，短松冈。"

生：余华的《活着》。"我知道黄昏正在转瞬即逝，黑夜从天而降了。我看到广阔的土地袒露着结实的胸膛，那是召唤的姿态，就像女人召唤着她们的儿女，土地召唤着黑夜来临。"描写犹如母亲般的自然，有一种安然恬静的感觉，虽然是惊涛骇浪后的。

生：川端康成的《雪国》的结尾。"待岛村站稳了脚跟，抬头望去，银河好像哗啦一声，向他的心坎上倾泻了下来。"一种纯净之感。

（很多未能发言的同学都羡慕地看着有阅读功底的同学）

师：看来同学们都读了不少的文学作品，值得赞赏。文章的结尾通常是画龙点睛之笔，不容小觑。朱东润先生曾教过的学生骆玉明回忆1978年时的朱东润先生，"我曾问起先生的夫人，他便默然不语，随后转说别的事情……但直至先生去世,他从未同我说过他夫人的事情","心期切处,更有多少凄凉"。同学们课后读一读《李方舟传》,就一定能理解朱东润先生为何如此了。

生成感悟

感悟一:于漪老师曾言:"课堂教学不是简单的知识传授、机械训练,而是师生互动、思想碰撞、心灵交流、师生共同成长的生命历程。"传主李方舟生活的时代距离现在已经过去五十多年,学生依靠现有的生活体验无法理解那个疯狂的时代带给整个社会的伤害,如果教师依据现成的历史资料讲授"文革"的时代背景,阅读课变成了讲读课,教师忙于介绍,学生忙于耳听笔录,虽然得到了现成的理解和分析,但由于缺失了阅读过程和体味,对传记文本还哪有兴趣可言?课堂实录中抛开时代背景,"你觉得李方舟是一个什么样的女性?"让学生直接走进传主的生活,与之零距离接触,体察他们充实的生活,感受他们伟大的人格。深入文本为课堂能够产生动态精彩的生成创造了可能。

感悟二:教师在充分占有文本的基础上精心预设,

并在课堂上根据学情灵活机动地调整策略、创设情境，之后才能提升生成的含金量。比如当教师归纳多位同学讨论的关于方舟身上所体现的精神品格时，一位同学觉得传主在听到女艺人唱词后所产生的情绪波动更能打动她，并根据自己的生活体验进行质疑，我觉得这是因为在深入文本的过程中传主高尚的精神净化了孩子的心灵，她以一个朋友的身份悲痛着方舟的悲痛。课堂教学重点也随之调整了方向，从本预设好的造成人物悲剧命运的根源的探究转向了对传主及爱人情感世界的探讨。苏霍姆林斯基说过："要使得孩子的心同我讲的话发生共鸣，我自身就需要同孩子的心弦对准音调。"经验丰富的教师往往会在教学目标的引领下根据课堂生成适时做出调整，这样与学生站在同一水平线上讨论，才能碰撞出独特的思想火花，这就要求老师要做足功课，以不变应万变。

感悟三：课堂生成可能会让教师获得意想不到的艺术珍品，但不能因为专注于一处不重要的细节，而丢掉了作品的灵魂。能预见到课堂上将要生成的教学资源，并能做出方向性的指导，巧妙地回到教学目标这条主线上，这样的生成才是有效的，反之，可能会东拉西扯，离目标越来越远。学生在讨论过程中对夫妇二人听歌这件事的真实性有两种不同看法：忆歌（实）思人和借歌（虚）传情。但教师并没有让学生就此展开辩论，而是自然而然顺势介绍了有生命力的传记文学是同时具有真实性和文学性的特点的。

感悟四：诵读可以让人在起伏变化的声调中，优美和谐的韵律中，亲切地体会到作者创作时的情景氛围、心路历程。当学生与作者跨越时空如同知音般展开对话时，课堂生成也达到了最可贵的一种境界。课堂实录中文末的唱词在同学的声情并茂的诵读下余音绕梁，感染了很多人并且引领全班同学进入回忆的境界。此情此境，学生与作者真正发生了生命的撞击，产生高峰体验，而这种生成唤醒了学生的内在精神：平凡未必不伟大，平淡的情感也可以感天动地。这或许会对学生情感发展产生难以估量的影响。

写在最后

一堂成功的动态生成课堂，是可遇不可求的。但教师不能以此为借口在课堂上做个循规蹈矩的雕刻师，将课堂只塑造成你想要的模样，扼杀一切超出预设的新思维。教师需要依据文本和学生的情绪变化巧设深邃悠远的情境，或引领或协助学生走进传主的生活、体验传主的生命，寻觅传主的深情。"教是为了不教"，当学生真正跨时越空走入情境、走进往事，敞开心扉与作者展开对话时，教师就解放了自己，也使小小的课堂飞升到了一个流动着学生智慧感悟和真切情感的有我之境。

美国人本主义教育家卡尔·罗杰斯在上个世纪六十年代提出了"非指导性教学"的理念，以"完美人格"和"自我实现"作为教学设计的出发点和归宿。它重视构建课堂教学中的特有情境，强调课堂上师生要彼此坦诚对待，尊重学生的生命体验和内心感受，设身处地地为学生着想。这与动态生成的语文课堂是不谋而合的。

范　杰

江苏省靖江市刘国钧中学

让"美丽"静静绽放

——《美丽的颜色》课堂生成之美探微

写在前面的话

记得汪曾祺先生曾打过一个奇妙的比喻,他说戏剧像建筑,小说像树。我觉得用来形容课堂也是恰到好处,一个语文老师对自己的课堂大概也有这两种追求。像建筑的课堂是一切都在意料中的课堂,这样的课堂因精巧的设计和毫厘不差的掌控力而打动人心,曾是评价一堂好课的标准,但随着课改对学生主体,对生命的关注,越来越多的教育者开始反思,这种追求建筑美的课堂是否会因其过分精巧而陷入模式化的泥潭,从而对学生形成一种禁锢呢?然而像树的课堂又是怎样的课堂呢?汪先生曾说:"一棵树是不会事先想到怎样长一个枝子,一片叶子,再长的。它就是这样长出来了。然而这个枝子,这一片叶子,这样长,又都是有道理的。"树生长的"道理"是什么呢?是它吸收的养分和所处的环境。对了,还有时间。就课堂教学而言,老师就是那个输送养分、营造环境、给出时间的人。在我看来,在这所有因素中,时间是最重要的因素。生长是需要时间的,老师应该有这样的意识、这样的耐心、这样的胆量给孩子以时间,让他们静静地生长,适时地绽放。

课堂实录

(多媒体出示人物简介,请学生朗读。用时约一分钟)

生:动情朗读。

师:同学们有没有猜到她是谁?

生:(齐答)居里夫人。

师:请同学们快速默读课文。思考:美丽的颜色指的是什么的颜色?

（学生默读课文，边读边圈点勾画。用时约五分钟）

师："美丽的颜色"是指什么的颜色？

生：我认为"美丽的颜色"就是指镭的颜色。

师：其他同学呢？大家都这么认为吗？

师：确定吗？

生：（齐答）确定。

师：我相信读完课文，你们会有不一样的发现。

师：这是一篇自读课文，拿到这样的课文我们得学会看课后的阅读提示，在阅读提示中提到本文除了作者的叙述外，还引用了很多居里夫人的话。这些话可能是居里夫人笔记中的记录，也可能是她的日记。请同学们跳读课文，勾画出相关的句子，从这些话中你读到怎样一个居里夫人？

师：给五分钟，自学三分钟，共学两分钟。自学完后可以组内交流一下。

（学生认真阅读，三分钟后小组内交流。教师巡视，适时参与小组交流。阅读结束，开始交流）

生："我们没有钱，没有实验室，而且几乎没有人帮助我们把这件既重要而又困难的工作做好。这像是要从无中生出有来。"在这里我读到，他们的工作再怎样困难，再怎样困苦，居里夫人和她丈夫都要坚持不懈、专心致志地把这件工作做好，可见他们是坚持不懈、专心致志的人。

生："有时候我整天用差不多和我一样高的铁条，搅动一大堆沸腾着的东西，到了晚上，简直是筋疲力尽。"由此可以看出，她爱工作超过爱她的身体，她是无私奉献的人。

生："感谢这种意外的发现，在这个时期里，我们完全被那展开在我们面前的新领域吸引住了。"这里可以看出居里夫人热爱自己的工作。

师：换句话说就是居里夫人热爱科学工作。

生："……我们在实验室里只有很少的几个客人。偶尔有几位物理学家或化学家来，……这是实验室的真正气氛。"这里可以看出居里夫妇对科学奉献巨大，也可以看出他们对科学工作的热爱，不希望过多的人去打扰他们。

师：他们为什么追求这种平静的生活呢？

生：为了专心致志地从事研究工作。

生："我一次炼制20公斤材料……这真是一种极累人的工作。"从"炼制""搬运""移注""连续几小时""极累人"可以看出这份工作对人来说是一份困难的工作，但居里夫人不怕困难，坚持下来，这是一种乐观向上，坚持不懈的精神。

师：如果将这段话的叙述角度换成"她"可不可以？

生：不好，感觉不真实。

师：文章正是因为引用了大量的居里夫人的话，我们仿佛跟着她走进了她的工作场景，居里夫人就是这样淡淡地生活，默默地工作，这种引用在文中达到一种真实、富有感染力的效果，这就是同学们刚才所说的"真实"，"真实性"是传记文学的一个特点。这种引用在文章后面还有吗？

大部分学生：有。

师：有吗？

大部分学生：有。

师：已经没有了，是吗？换成了比较生动的描写。

师：请同学们快速阅读第17-24自然段，看一看作者采用了哪些人物描写的方法，通过这些描写，你看到了怎样一个居里夫人？边读边批注。

（大约需要四分钟）

生：第21自然段，玛丽说："不要点灯！"接着轻轻地笑了笑，再说："你记得你对我说'我希望它有美丽的颜色'的那一天吗？"这里运用了语言描写和动作描写，写出了玛丽对镭元素的猜测，猜测它有美丽的颜色。

师：除了猜测你还感受到居里夫人的什么情感？

生：非常激动。

师：请找出居里夫人和她丈夫对话的部分，试着朗读一下。

（学生自由朗读）

（请男女同学各一名朗读。学生动情朗读）

生：第24自然段，"两个人的脸都转向这些微光……就像一小时前在她睡着了的孩子床头看着孩子一样"。这里用了动作描写，写出居里夫人很享受她经过千辛万苦的成功的喜悦和对镭的喜爱。

师：作者运用了生动的细节描写，我们通过这些细节仿佛看到了一个活灵活现的居里夫人，这样将居里夫人写得有血有肉，一个没有被神化的居里夫人就活脱脱地出现在我们面前，这是传记文学的另一个特点——"生动性"。

师：居里夫妇用了四年时间来研究镭，发现镭，那么镭是什么呢？请大家看一则材料。

（学生朗读材料。用时约三十秒）

师：从材料中同学们有什么发现吗？

生：镭有毒，有剧毒，会损伤人的身体。

师：那她为什么还要选择长期面对镭，面对辐射。

镭一方面对人有危害，一方面对人也有价值。下面我们来看一则材料。

（多媒体演示材料）

师：请一位同学来朗读一下。

生："几十年来，镭无声地侵蚀着她的身体……直到她死后几十年，她用过的笔记本还有射线在释放……"

（用时约五十秒）

师：同学们，相信你们此刻一定有很多话要说，请你们把这个感受写下来。

（学生认真动笔）

生：居里夫人，您那永恒的光芒照耀我一路前行，您那坚持的汗水挥洒在我人生的道路，您那谦逊的品质，留下一缕清香伴我成长。

生：她犹悠悠一抹斜阳，屹立在世界的西方，她是科学的巨人，世界的标榜，她引领着我前行，她就是居里夫人。

师：这位同学用到了修辞手法。

生：她是蜡烛，燃烧了自己，照亮了别人；她是雨水，滋润别人。她就是居里夫人，"春蚕到死丝方尽，蜡炬成灰泪始干"。

师：这位同学引用了诗句。

生：梦想的道路上，人生的旅途中，不免会遇见困难挫折，它或许是绊脚石，或许是成功的源泉，只有坚持不懈，才能走上成功的道路。

生成感悟

愿不愿意追求一种安安静静的课堂

有段时间，语文老师们会被一种生动、活跃、热闹的课堂模式绑架，尤其是公开课或赛课，似乎不如此就显示不出老师有水平。不可否认，老师运用各种教学手段、教学智慧让学生动起来（无论是身体还是大脑）确是评价一堂好课的标准，但过分地追求活跃、热闹却让有些课堂滑向虚假繁荣的泥淖，一堂课看似生鲜亮丽，学生其实并无多少收获。于是语文老师开始反思，什么样的课堂才是值得追求的课堂？

说到语文教学，有一道越不过去的坎，那就是阅读，没有阅读这个基座，其他都是空谈，是浮云。基于这一常识，大量优秀的语文老师开始聚焦于阅读，而曾兰老师执教的《美丽的颜色》就是这样一堂聚焦于阅读的语文课。通记全课，曾老师留给学生阅读的时间大概有十二分钟。十二分钟啊！用了差不多四分之一的时间给学生静静阅读，对于"不恨设计不精巧，只恨课堂时间少"的老师来说，这真是很败家、很任性的行为。但在我看来，正是这种给足时间让学生阅读的课堂才是真实的课堂。

这样的课堂学生能静下心来进入文章所描绘的世界，与文章中的人物，与作者形成某种心灵上的同频共振，同时内化为滋养他们心灵的养料。北京大学陈平原教授曾说："语文教学的特点是慢热、恒温，不适合爆炒、猛煎，就像广东人煲汤那样，需要的是时间和耐心。从这个意义上讲，语文说难也难，说容易也很容易。问题在于心态摆正，不能太急。"这可说是一语道出语文教学的精髓。

就曾老师执教的《美丽的颜色》来看，她的头脑是清醒的，她知道语文教学的要义何在，所以她敢，所以她肯如此奢侈地花那么多时间给学生阅读，也正因为如此学生才能说出"居里夫人是坚持不懈、不怕困难、以苦为乐，对科学有坚定信念和极大热情的人"这样的话。这些都是他们通过阅读获得的认知，不是老师硬塞给他们的。

　　什么是生成？这就是生成。建构主义理论认为，学生根据外在信息，通过自己的背景知识，积极主动地建构自己的知识，因此，学生不再是知识的被动接受者，更是积极主动的建构者。"主动建构"在我看来就是"生长"和"获得"，就像树吸收养分长出新的枝叶一样。

　　学生通过阅读，了解居里夫人进行科学研究的不易和执着，同时也感受到能从事自己喜欢的工作带给人的那份安定感和幸福感。那两个朗读居里夫妇对话的孩子为什么表现得那么好？是因为那份"期待""兴奋""激动"他们是打心眼里感受到了啊！孩们会由衷地用"春蚕到死丝方尽，蜡炬成灰泪始干"来赞美居里夫人，是他们感受到了科学工作者的那份奉献精神。"居里夫人，您那永恒的光芒将照耀我一路前行"这样的话语是发自肺腑的。

　　冬天的树看上去也许太过安静，甚至有些冷寂，真的不具备观赏性，但请一定知道，它只是安静并非停滞，在这份安静中生命在潜滋漫长。这就是我理解的生成性课堂之美的最理想的状态，也是我愿意去追求的有生成空间的课堂。

写在最后

　　师像园丁。不知怎么，原来听到这句话时总觉得有些悲情。今天却对这句话有了新的领悟，老师是园丁，课堂就是他打理的花圃，一个勤于耕耘的园丁是深谙生命成长之道的，知道草什么时候发芽，知道花什么时候绽放，知道树什么时候成荫。他引微风轻拂每一枝叶，他请阳光亲吻每一片花瓣，他默默地松土、施肥、浇水……然后，静静地等待！

　　叶澜教授曾说："课堂教学应被看作师生人生中一段重要的生命经历，是他们生命的有意义的构成部分，要把个体精神生命发展的主动权还给学生。"在我看来"把个体精神生命发展的主动权还给学生"就是遵循生命成长的规律、特性，给予生命成长的时间和空间，毕竟教育的目的是"帮助被教育的人给他能发展自己的能力"，这就是生成性课堂极力追求的目标。

王　玲

贵州省黔西县第四中学

名著导读篇

书山有路"招"为径，教海无涯"问"作舟

——《草房子》课堂生成之思

写在前面的话

《语文课程标准》明确提出："语文课程应致力于学生语文素养的形成与发展。"名著是人类的精华，阅读名著有利于陶冶性情，拓宽视野，提高审美情趣及人文素养。在青少年时期阅读一定数量的名著，是提高学生语文素养的一条有效途径。

古人云："授之以鱼，不如授之以渔。"教学中，通过名著阅读方法的有效指导，教学生读书方法的几个

招数，引领学生从走近名著到走进名著，在深层阅读中感受名著独特的魅力，进而提高学生的语文能力和语文素养。江阴市初中语文教研员徐杰老师执教的《草房子》，就是这样一节注重读书方法指导、具有生成之美的名著导读课。

"教学是预设与生成、封闭与开放的矛盾统一体。"（《语文课程标准》）教师的课堂教学不是预设教案的机械执行，也不是简单的知识学习的过程，它是师生共同成长的生命历程，是不可重复的激情与智慧综合生成的过程。课堂教学始于预设，终于生成，有机结合，相辅相成，这才是理想的具有生命之美的课堂。

课堂实录

师：读完《草房子》，你一定有很多话要说。

（屏幕显示：读完草房子，掩卷沉思，那一个个生动的少年形象便浮现在我们眼前。他们是……）

生：他们是陆鹤、杜小康、细马、纸月，还有桑桑。

师：你把书中的主要人物都回忆出来了，请坐，其他同学有补充吗？

生：还有白雀、蒋一轮。

师：白雀和蒋一轮不是少年，书中还有少年的形象吗？

生：还有阿恕。

生：还有柳柳。

师：对，柳柳是桑桑的妹妹，阿恕是桑桑的朋友，可见同学们读书读得多认真啊，那一个个人物活灵活现地闪现在我们眼前。作者用深情的笔墨给我们描绘了这群少年的成长历程。

（屏幕显示：有一种成长，让人回味悠长。请你选一位少年，然后简要概述他的成长经历）

（屏幕显示：概述成长经历）

生：细马是一个被领养的孩子，在一个陌生的世界里被别人排挤，无法适应新的生活。在新的生活面前，他选择了逃避。他拒绝和同学一起学习，选择了与羊为伍，开始了自己的放羊生活。但是他的内心深处还是希望能与同伴交流的，当他能听懂当地的方言时，他又笨拙地采用骂人、打架的方法，希望得到别人的注意。虽然他本能地抵触他的养父母，计划着有一天逃离这个地方，但当养父母的房子被水淹没、养父病逝、养母受不了双重的打击发疯后，细马毅然地挑起了这个家的重任，承担起了照顾养母的责任。

师：当他的家庭遭遇厄运时，细马勇敢地挑起了家庭的重担。你强调了这个重要环节，非常好。还有哪位同学试一试？

生：杜小康原来是全村最富有人家的少爷，因为父亲生意失败，他不得不辍学去放鸭子，后来又在学校门口摆起了小摊。

师：他关注了杜小康的成长历程中最重要的两个环节：一个是他家境曾经非常优越；另一个是当他的家庭遭遇变故，沦为穷人的时候，他跟着父亲去放鸭，经受了孤独的磨炼，最终坚强地成长起来，勇敢地在油麻地小学门口去卖一些小的学习用品，以此来补贴家用。同学们有没有注意到，当我们在概括这些少年的成长历程的时候，我们是不必要面面俱到的，我们只要把他成长历程中最重要、最关键的情节提炼出来就可以了。这就是一种读书的方法。这种读书的方法称为提要式读书。

（屏幕显示：提要式读书就是将最能表现中心的重点内容提炼出来。呈现形式：概说故事、评说人物）

师：刚才我们的活动就是概说故事。

（教师板书）

师：在这些少年的成长历程中，一定有让我们留下深刻印象的成长细节，我们一起来回忆这些细节，请同学们打开书本，寻找细节，朗读、圈画。

（屏幕显示：重温成长细节）

师：比如说，我印象最深刻的细节是：当纸月在桥边遇到桑乔背着桑桑看病回来的时候，桥上有点湿，她用柔弱的手搬来了稻草，铺在了桥上。我感觉那就是一个非常感人的少年成长历程中的细节。（学生准备）

生：桑桑帮纸月脱离那帮坏孩子，和两个坏孩子在船上打架，最后两个坏孩子再也不敢欺负纸月了。

师：请坐，这个细节中最让我感动的是柔弱的桑桑敢于和力量比他大得多的孩子去打架，他的勇气来源于对纸月的关爱，来源于朦胧的英雄主义。请继续。

生：我印象最深刻的细节是：桑桑对秦大奶奶像亲奶奶一样关心。油麻地的风俗，老人死后应该取一绺儿孙的头发放在老人身旁，但是秦大奶奶没有儿孙，桑桑就让母亲剪了一绺头发放在秦大奶奶的棺材里。

师：你读书可真细心，请坐下。我感觉到桑桑让自己的一缕头发跟着秦大奶奶一起下葬，是对秦大奶奶的理解和怀念，更是对秦大奶奶的敬仰。

生：秃鹤的头是光溜溜的，他用长长的好看的脖子撑起了那一个光溜溜的脑袋。他为了长出头发来，用生姜擦头皮，希望在七七四十九天后长出头发来。

师：面对别人对他的不尊重，秃鹤用生姜来擦头，这是个带有戏剧性的情节，既符合少年成长时微妙的心理，又同时增添了一些情趣。后面的情节是怎样的？

生：跑出教室，用烂泥糊在头上拼命洗。

师：大家读得真细心。那样一个带有戏剧性的细节，就把这个少年在成长过程中细腻而敏感的心理变化呈现出来了。同学们有没有注意到，当你们回忆这些细节的时候，老师谈了对这些细节的感想。下面，我们换个位置，我来读这样的一个细节，你们迅速地在书上找到这个地方，然后把你的感想写在这个细节的旁边。

是桑桑第一个找到了秃鹤。那时，秃鹤正坐在小镇的水码头的最低的石阶上，望着被月光照得波光粼粼的河水。

桑桑一直走到他跟前，在他身边蹲下："我是来找你的，大家都在找你。"

桑桑听到了秃鹤的啜泣声。

油麻地小学的许多师生都找来了。他们沿着石阶走了下来，对秃鹤说："我们回家吧。"桑乔拍了拍他的肩："走，回家了。"

秃鹤用嘴咬住指头，想不让自己哭出声来，但哭声还是抑制不住地从喉咙里奔涌而出，几乎变成了号啕大哭。

纸月哭了，许多孩子也都哭了。

纯静的月光照着大河，照着油麻地小学的师生们，也照着世界上一个最英俊的少年……

师：找到了吗？

生：找到了。

师：在这个细节边上写上自己感触最深的一句话。

生：陆鹤用自己的行动赢得了别人对他的尊重。

师：他的哭其实是一种欣慰的哭。

生：陆鹤这时候明白了：只有一心为集体做事才能得到别人的认可。

师：要想得到别人的尊重，自己首先要有足够的被尊重的资本。

生：虽然陆鹤是一个秃子，但是他的心是美丽的。

师：他的美丽来源于他心中的那份执着。他在排练节目的时候是多么辛苦呀！有没有哪个同学来评点一下这个细节中"英俊"这个词？我建议采用"不是……而是……"这种句式。

生：这里的"英俊"不是指一个人的外貌，而是指一个人的内心。

师：不是一个人的外表，而是一个人的精神。同学们，我们就是通过这样的方式来对成长的细节表达了一点内心深处的感受，这又是一种读书方法。（教师板书：圈点读书）我们要养成这样的好习惯，古人读书也讲究"不动笔墨不读书"。

（屏幕显示：圈点式读书主要方法：圈画好词、好句、好段落，写好旁批）

生 成 感 悟

感悟一：追求生成的名著导读课有具体的读法指导。温儒敏教授在谈如何上好"名著导读"课时，强调了新教材的"名著导读"应以"示范读书方法"为主，建议每次"要重点指导学习一种读书方法"。这就要求教师在"读什么"的基础上去解决"怎么读"的问题。这节课堂实录，老师指导学生在具体的阅读实践中归纳出两招读法："提要式读书"和"圈点式读书"。对此，曹文轩老师评论说："对徐杰老师的一些方法，我是很欣赏的——圈画好词、好句、好段落，写好旁批。这是一种简单的、传统的阅读方式，却是一种行之有效的方式。

其中，旁批是我最赞同的方式。"关于"怎么读"，一要教招，二要落实，要让预设的读书方法的指导和不断生成的交流内容有效融合。正是因为有了明确的读法指导并加以落实，学生参与的积极性高，促进了课堂的精彩动态生成。

感悟二：追求生成的名著导读课需要设计有效的主问题或主活动。"学起于思，思源于疑"，教学中要积极创造问题情景，以激起学生的学习兴趣。特级教师董一菲老师在《生成之美》一文中写道："一节课不宜设计太多的问题，要遵循'空山效应'，甚至是'空筐效应'。唯有貌似轻松洒脱的曲问，才会举重若轻，乃至四两拨千斤，唯有这时课堂才会有最亮丽的生成。"这节名著导读课堂实录片段中主要设计了两个主活动"概述成长历程"和"重温成长细节"，在此基础上提出两个主问题，活动由浅入深，问题从简单到复杂。教师凭借教学机智及时应对生成性问题，调整教学方法，有效地张扬学生的主体意识。

感悟三：追求生成的名著导读课可以听见有效的教学点评。苏霍姆林斯基有言："教育的技巧并不在于能预见到课堂的所有细节，而是在于根据当时的具体情况，巧妙地在学生不知不觉中做出相应的变动。"这节课堂实录中教师的课堂切入点很巧妙，面对整本名著，能够抓住"成长"这个最为有效的关键词切入，并顺着这个"点"逐步深入名著的核心去，在学生概述成长经历时，教师适时用概括性的语言进行点评，如"……你强调了这个重要环节，非常好。还有哪位同学试一试？"在这种生成式语文课堂中，教师在对话交流的过程中对其进行顺势引导，通过适时准确的点评让学生有所感悟，激励、调动学生参与的热情，挖掘学生的潜能，提高自己的认识和审美，加深自己的情感和体验，让课堂充满灵动之美，焕发出生命之光。

写在最后

《语文课程标准》对中小学生名著阅读有了明确的要求："九年课外阅读的总量应在 400 万字以上。"部编本教材中"名著导读"栏目的设置，意在引导一种健康、理性的读书风气，以世界文学宝库的精华来丰富学生的语言与人文精神。但"名著导读"的教学现状却不容乐观，有些学生急匆匆，只读"名著简介"或只做整理出来的讲义；还有些学生拿着厚厚的原著，却茫茫然，不知道如何读进去。

因而，我们要通过自身的努力与探索，为学生阅读名著提供一些具体有效的读法指导，提高他们的阅读兴趣，丰富他们的学识，提高他们的语文能力和人文素养。同时，我们还需尊重学生在阅读中生成的个性化阅读方法，教会学生把一般读法和"个性"读法相结合，从而提高阅读效率，丰富语感积累，取得打开名著阅读之门的金钥匙。

李　萍

安徽省宁国市宁阳学校

柳暗花明又一村

——《雷雨》课堂生成之思

写在前面的话

名著是人类文化的精华,阅读名著可以增长学生的见识,在启迪思维的同时,提高其阅读鉴赏能力和人文素养。而教学生成是一堂课最为精彩的部分,是教师根据实际课堂中师生互动状态而做出的对教学思路和行为的调整,能体现出学生思维的活跃与教师教学的灵动,是教学的亮点。

名著的篇幅一般较长,考虑到学生的实际阅读情况,教师有必要对学生进行导读，"授之以渔"。鲁迅先生说："书看多了，文章自然就会写了。"学会阅读鉴赏是学生必须具备的能力，名著导读的课堂生成性教学为此提供了契机，让学生在生成性课堂上去探究文本并体悟名著阅读的快乐，养成良好的阅读习惯。

名著导读课堂的生成在于课堂的主要参与者：教师和学生。师生的相互合作、教学的生成能促使语文课堂产生灵动的和智慧的火花，为课堂增光添彩。在生成性教学的课堂上，教师是领路者，学生是学习阅读的探索者与发现者，同时也是阅读的主体。在名著导读课程中重视课堂的生成无疑将有益于提高学生的阅读兴趣，提升学生的阅读鉴赏能力。

课堂实录

师：《雷雨》是曹禺先生编写的，被誉为"中国话剧现实主义的基石"，所展示的是一种人生大悲剧。同学们课前已经将剧本的四幕内容进行了概括并厘清了人物关系。那么谁是剧本主角，谁制造了悲剧，谁是冲突的中心人物呢？

生：周朴园。话剧围绕他展开，他改变了很多人的命运。

生：他是一个复杂的人。

师：你是通过阅读剧本的哪方面内容看出来的？动作？神态？还是其他？

生：是话剧的语言。

师：是的。钱谷融先生曾经评价过，《雷雨》的成功，可以说首先就是语言上的成功。同学们还从哪些语言中发现了其人物形象？

生：他很虚伪，表面上很关心侍萍，实际上见到了侍萍，竟然会说："怎么，是你？""你来干什么？"完全是吃惊，根本不希望侍萍出现。

生：周朴园的伪善还有就是当周萍、四凤知道自己的身世后，他说："萍儿……我对不起你的地方，他会补上的。"这段貌似十分友好的对话其实是周朴园维持他一向都在极力塑造的伪善面貌。

生：当他确定侍萍不是来向他索要钱财的时候，他说："你听着，鲁贵我现在要辞退的，四凤也要回家。不过……"他竟然忘了自己对侍萍的内疚与欠下的良心债，又在逼迫侍萍，真是唯利是图。真是小人！

师：可是"人之初，性本善"，人都拥有着不同的性格，是什么导致周朴园这样的自私与虚伪呢？

生：我觉得周朴园作为资产阶级的代表，他最爱的就是钱，当他发现站在眼前的侍萍触犯自己利益时，他想用金钱来打发侍萍，当工人罢工时，他用金钱解决。在他的世界观里，金钱是万能的。

生：周朴园的自私不仅是对侍萍一人，他习惯了自私，唯利是图。"故意淹死了二千二百个小工，每一个小工的性命你扣三百块钱！"为了自己的利益，以这么多人的牺牲为代价，不得不说他自私到了极点。

生：典型的资本家，唯利是图的剥削分子。

师：所以大家认为是周朴园的身份决定了他是个自私、虚伪的人。那么，对于自己的亲人呢？他的态度会转变吗？

生：他是一个封建专制的人，在对繁漪的态度上更能看出他身上的专横与冷酷。

生：他对繁漪说"你应当再到楼上去休息"。他的这句话并不是在关心繁漪，而是他认为繁漪不应该出现在楼下。真是专制至极。

师：不可否认，因为周朴园就是带有浓厚封建色彩的资本家的代表人物。其他同学的看法呢？

生：我觉得尽管周朴园身上存在一些不好的方面，

但是他对三十年前的侍萍是有情感的，他说"你看这些家具都是旧的""记着你的生日"等，说明他还是重视情感的人，最起码他念旧。

生：周朴园热爱钱，但是他也愿意用钱来弥补侍萍。说明他心存愧疚，尚有良知。

师：就像我们说"人无完人，金无足赤"一样。

生：我想补充一处，"你们逼着我冒着大雪出去"，作者用的是"你们"而不是"你"，古语说"父母之命，媒妁之言"，封建家庭中的家长往往是专制的，可能是周朴园的长辈们在驱赶侍萍出家门。

师：很好，善于去发现话剧中的语言之妙。的确，再往前追溯三十年，就是 1895 年，是清王朝时代，而周家很显然就是一个典型的封建大家庭，青年人的婚姻很大程度上是由长辈决定的，周朴园可能是有苦衷的。

生：有道理。侍萍亲口说过"我亲生的两个孩子你们家里逼着我留在你们家里"，又是"你们"一词。

生：侍萍带着四凤离开周公馆后，告诉过四凤一句话"人的心都靠不住，我并不是说人坏，我就是恨人性太软弱，太容易变了"，此处侍萍强调的与其说是周朴园的"绝情"，不如说是他的"软弱"、他的"易变"让侍萍感到绝望，绝望的是周朴园的不为爱情做抗争。

师：是的，周朴园其实也很可怜，他有时也是无法掌控自身的命运的。

生：我觉得周朴园的多面性表现在他其实有真实的情感。我们可以发现当周朴园渐渐地回忆起侍萍的跳河而死的经历时，周朴园连续发出了两声"哦"，但是他的表情分别是苦痛和汗涔涔的。

生：是的，当时的周朴园面对的是一名普通的仆人，他没必要展现出自己伪善的一面，情感还是比较真实的。

生：但是，他怀念梅小姐是因为他现在过得并不幸福。他怀念的是不会对他构成威胁的梅小姐。

生：这改变不了他资本家的伪善、自私。

师：同学们能够推断出人物复杂的性格特点，并做出理智的判断，可见是有进步的。评价观察一个人物要全面，周朴园是个性格复杂的人，当我们思考他的性格变化时，不难发现，其实周朴园也是可怜、孤独的人，他也不是能控制所有事物的。

生：周朴园的家庭变得支离破碎，死的死，疯的疯，走的走，他自己也成为孤寡老人，真是悲剧。

生：鲁大海就是他的孩子，可是也不承认他，因为阶级不一样。

生：周朴园的三个儿子都离他而去，繁漪和侍萍相继发疯，只有他一个人清醒、孤独地活着。

生：我觉得对于周朴园来说，他活着就是在经受最大的悲哀。

师：是的。周朴园也是被封建社会和他的资本家身份所控制的存在。他的爱情、亲情、婚姻，甚至是"活着"都是悲剧。周朴园被封建家庭及生存环境所捆绑。不知不觉间，他蜕变成为残酷的资本家和蛮横的封建家长。毁掉他的生活的就是他那被绑定的悲剧命运。这是不可避免的矛盾冲突。

生：这种命运太可怕了。我现在才知道"雷雨"是什么意思。残害人的制度应当被推翻，社会要变革。

生：在这样酿造悲剧的沉闷的社会中，雷雨一定会到来。社会要发生巨变。

生：在雷雨交加的时刻，封建思想和自由主义的强烈对抗开始了。

师：悟性很好，这种结局也是突转手法的运用，雷声轰鸣之时，人物的命运也发生了突变。彻彻底底的悲剧其实正象征了社会矛盾的日趋尖锐，作者用"雷雨"为题形象地告诉人们：20世纪20年代的中国社会势必会发生大的变革。

生 成 感 悟

感悟一：学生是课堂的主体。如何使学生高效参与到课堂的讨论中，需要教师加以引导。教师应指导学生课前熟读名著，这样学生在发言时才会言之有物。教学话剧《雷雨》时，学生在课堂上的表现精彩纷呈，笔者只需引导方向和提供寻找的线索，学生就会在文本中去寻找答案。教育家陶行知说："我认为好的先生不是教书，不是教学生，乃是教学生学。"课堂学习的主人是学生，学生在探究中获得阅读方法，锻炼了思维与表达能力，真正实现了学生是课堂主体这一教学原则。

感悟二：巧妙引导是关键。学生思维是活跃的，名著的篇幅较长，本课时笔者主要引导学生紧扣复杂人物关系中的中心人物来理解《雷雨》的深刻内涵。第斯多惠说："一个坏教师奉送真理，一个好的教师则教人发现真理。"教师在课堂上要善于聆听学生的想法，而不是自己在大谈特谈，教师的思维与想法是取代不了学生的思考的。所以执教时主要是按照学生的理解，顺势引导，让学生在自己的发言感悟中去理解文本。

感悟三：重视学生在名著生成性课堂上的学习方法指

导。本次教学中，笔者以《雷雨》中主要人物的性格形成为切入口，指导学生通过品鉴语言和故事情节来探究周朴园的人物性格，并掌握全面、客观地去评价人物的方法。在把握人物形象的基础上，启发学生思考周朴园人生悲剧产生的原因，进而揭示话剧的主题，使学生的思想认识得到升华。总之，教师要教给学生读名著的方法。

感悟四：善于把握时机。生成性课堂的美在于它的不可设计性。如果课堂上产生了新的问题，教师一定要抓住这样的机会。比如，本节课引导学生探究周朴园的人物形象时，教师就可以顺势提问，"人之初，性本善。人都拥有着不同的性格，是什么导致周朴园这样的自私与虚伪呢？"循循善诱，让学生自主探索答案。其次，教师的提问要做到有层次性和灵活性，为了让学生感悟周朴园这一人物形象，我开始提了简单的问题"谁是冲突中的中心人物呢？"便于引导学生快速走进文本。教师的问题可以灵活，但是不能脱离课堂讨论的主题。

写在最后

课堂是师生思想交流碰撞的天堂，课堂上学生能够掌握知识，课堂外，学生能够自己运用课堂所学去阅读思考文本，能够去感受、总结和体悟，这就是教学的成功。教师是取代不了学生的思考的，学会阅读名著更是学生必备的能力，因而就让教师做好自己的主导工作，帮助和引导学生去学习思考与感悟。

生成性课堂的教学为师生合作学习提供了很好的契机，更为教师导读名著提供了平台。卢梭在《爱弥儿》中说："最好的教育就是无所作为的教育：学生看不到教育的发生，却实实在在地影响着他们的心灵，帮助他们发挥了潜能，这才是天底下最好的教育。"导读名著《雷雨》时，教师的主要任务就是帮助学生找到感悟文本的突破口。高中生是具有一定阅读能力的群体，在恰当的时机对学生的讨论加以点拨与指导，让学生更深入地感悟文本，教师并没有代替学生思考。然而怎样去感知和评价人物的方法，学生却在潜移默化的学习与讨论探究中掌握了。

陈碧玉
陕西省洋县中学

敢问路在何方

——《西游记》名著导读生成之思

写在前面的话

一日,与亲戚闲坐。其儿曰:"西游皆读之,任问之。"一时玩性顿生,问道:"悟空名为谁所取?他自出生到取经成功各有哪些名号?"小儿瞠目结舌,呜呜无言。其母呵斥:"回家再读一遍。"

爱读书的孩子不在少数,而真正懂得读书的孩子少之甚少,这就更需要名著导读的存在。可是名著导读由来都是教学的难点,厚厚的经典,一两节课的时间,教什么，如何教，如何驾驭都是一个问题。名著导读应着眼于一个"导"字，"导"是引路，要给学生指明方向；"导"还是方法，让学生自己懂得"读"才是最终的目标。从下面的课例中可以得到一些启示，把握导读的方式。

课 堂 实 录

（昆山西塘街小学徐卫国老师授课实录片段）
（播放电视《西游记》片头主题歌，导入新课）

师：首先，我们来聊聊故事中的人物。（板书：人物）不用我问，唐僧师徒四人中，你最喜欢的人物一定是……

生：（齐）孙悟空。

师：在你们的心目中，孙悟空有什么特点？

生1：孙悟空会七十二变。书中写道：二郎睁开凤眼四处探看，发现大圣变成了麻雀，就摇身变作一只饿鹰，飞扑过去……水蛇又变成了一只花鸨……

师：这处描写中，孙悟空变化了几回？

生1：五回。

师：孙悟空善于变化。

生2：孙悟空有一双火眼金睛。在"三打白骨精"中有这样一段话：那白骨精逃走以后，把孙悟空恨得咬牙切齿，她不甘心，又摇身一变，变成一个七八十岁的老太婆，手里拄着拐杖，一边走，一边哭着向唐僧他们走去。孙悟空走上前去……

师：孙悟空虽然有时十分鲁莽，但很多时候却不失他的聪明机智。孙悟空真是神通广大。在我们的语文教材中，就有这样一些成语，高度赞美了孙悟空这一"神"的形象。

（出示：齐天大圣　大闹天宫　不避艰险
　　　　西天取经　腾云驾雾　来去无踪
　　　　千变万化　大显神通　明察秋毫
　　　　火眼金睛　除恶务尽　天下太平）

师：在许多读者的心目中，孙悟空是"神"。但是，别忘了，最早出现在我们眼前的孙悟空是什么样的？

生3：在"大闹天宫"这一章中说，孙悟空本来就喜欢吃桃子……自己一个人爬上树，专拣熟的，饱饱地吃了一顿。

师：爱吃桃子是猴子的天性。

生4：第三十四回"魔王巧算困心猿，大圣腾挪骗宝贝"，因为金角大王把唐僧、猪八戒和沙僧抓了起来，孙悟空变成妖怪的老母亲,孙悟空一进山洞,八戒笑道:"弼马温来了。"沙僧道:"你怎么认得是他?"八戒道:"弯到腰,叫'我儿起来',那后面就掬起猴子尾巴了。我比你吊得高,所以也比你看得明白。"

师:像这样的描写在小说中还有不少,作者这样做,正是为了提醒读者时刻不要忘记孙悟空是个猴子。当然,孙悟空又具有喜怒哀乐等人之常情。神、猴、人,三者就是这样完美地结合到了孙悟空身上,这在我国以往的文学画廊中,还没有任何一个形象能做到这一点。与孙悟空形成鲜明对比的另一人物形象,那就是……

生:(齐)猪八戒。

师:在你的印象中,猪八戒又是怎样的一个形象?

生1:猪八戒很贪吃。他给高太公家当女婿,食量又很大,一顿要吃三五斗米,早晨点心也得百十个烧饼才够。

师:整天就是惦记着吃,这是你看到的猪八戒。

生2:猪八戒还十分懒惰。唐僧叫猪八戒去化斋饭,猪八戒答应一声,前去化斋,可走了十几里路,也没有碰到一个人,猪八戒又气又累,见到一块草地,就躺在草地上睡起觉来。

师:能偷懒就偷懒,这在作品中显得非常突出。

生3：猪八戒十分好色。"盘丝洞除妖"这一章中，猪八戒见七个女妖精在泉中洗澡，忍不住笑嘻嘻地说："女菩萨，也带我和尚一块儿洗洗怎么样？"说完，丢下钉耙，脱了衣服，"扑通"一声跳进水里……

师：猪八戒的身上集中了那么多缺点，不过，有时八戒还挺机灵的。小说中也有几次这样的"灵光一现"，你们注意到了吗？

生4：第三十一回"猪八戒义激猴王，孙悟空智降妖怪"中，八戒又思量："将不如激将，等我激他一激……"行者闻言，就气得抓耳挠腮。

师：你从哪儿看出猪八戒的机智来？

生4：他用激将法请出孙悟空去救师父唐僧。

师：同时，他又巧妙地借妖怪之口，大骂了一通孙悟空，还真够机灵的。

师：在"乌鸡国除怪"这一章中，那妖怪变成了唐僧，连孙悟空都真假难辨，后来是怎么识破的呢？

生5：猪八戒叫唐僧念紧箍咒，会念的就是真唐僧，不会念的就是假的。

师：结果使假唐僧原形毕露，猪八戒也借机让一向欺负自己的孙悟空吃了个哑巴亏，有苦难言。

师小结：贪吃、懒惰、贪财、好色、呆笨、机灵……

同学们，这就是吴承恩刻画的猪八戒的艺术形象，真是栩栩如生，呼之欲出。

师：同学们，除了鲜明生动的艺术形象和引人入胜的故事情节外，《西游记》这部小说还有一个为读者津津乐道的地方，这便是它的语言特色（**板书：语言**）。老师读原著的时候，也非常喜欢它的语言描写，尤其是一些诗词描写。请看

[**出示**：峰岩重叠，涧壑湾环。虎狼成群走，麋鹿作群行。无数獐豝（bā）钻簇簇，满山狐兔聚丛丛。千尺大蟒，万丈长蛇。大蟒喷愁雾，长蛇吐怪风。道旁荆棘牵漫，岭上松楠秀丽。薜（bì）萝满目，芳草连天……万古常含元气老，千峰巍列日光寒。]

师：（**诵读**）这样的环境描写有什么作用？

生1：这样写可以衬托出取经路途的艰险。

生2："山高必有怪"，暗示接下来要出现妖怪了。

师：说得对。如果你读《西游记》的原著，会发现很多这样险恶的环境下，都会出现一个妖怪。这在文学写法上叫"伏笔"，就是设下一个埋伏，预示着下面即将发生的事情。原著也正是这么写的……（**出示**，却说常言有云："山高必有怪，岭峻却生精。"果然这山上有一妖精……）

（出示：第二十七回"尸魔三戏唐三藏，圣僧恨逐美猴王"）

师：请你结合这一回的标题猜一猜这座山上藏着哪个妖精？

生3：白骨精。

师：读了这个题目，你大致能了解到这一回主要的故事情节吗？

生4：就是孙悟空三打白骨精。

师：对。那么，"圣僧恨逐美猴王"主要讲什么呢？

生5：唐僧把孙悟空赶回花果山。

（出示：第十九回"云栈洞悟空收八戒，浮屠山玄奘受心经"）

师：你读一读第十九回的题目，能猜一猜这一回的主要内容吗？

生6：就是讲孙悟空在云栈洞打败猪八戒，唐僧收猪八戒为徒弟。

师：《西游记》属于章回小说，每一回都有一个题目，我们称它"回目"（板书：回目）。回目在形式上是一个工整的对句，字数相等，对仗工整，如"云栈洞"对"浮屠山"，"悟空"对"玄奘"，"收"对"受"，等等。同时，它也高度概括了这一回的主要内容，显得十分凝练。这一语言特色非常值得我们在阅读的时候仔细体会。

师：第十九回中有这样一段打斗场面的描写……

（出示：行者金睛似闪电，妖魔环眼似银花。这一个口喷彩雾，那一个气吐红霞。气吐红霞昏处亮，口喷彩雾夜光华。金箍棒，九齿耙，两个英雄实可夸：一个是大圣临凡世，一个是元帅降天涯。那个因失威仪成怪物，这个幸逃苦难拜僧家。钯去好似龙伸爪，棒迎浑若凤穿花……）

师：谁试着来读一读？

生7：（高声朗读）

师：从这段打斗的场面描写中，你体会到了什么？

生7：武打的场面非常激烈，让人觉得眼花缭乱。

师：这处描写，语言对仗工整，长句、短句参差结合，读来朗朗上口，给人一种酣畅淋漓的感觉。

师：你们在阅读小说的过程中，摘抄了哪些精彩的语言描写，请你大声地朗读，并说说你的感悟，与大家一同分享。

生1：在《惊天地美猴王出世》中，开头有这样一段话："……"我读后，感觉孙悟空的出生地花果山真是景色秀丽，令人神往。

生2:"好个美猴王!只见他……"这段外貌描写写出了孙悟空不怒自威的气势令人望而生畏,孙悟空还没出手,就让人感觉到他的强大。

生3:朱栏宝槛,曲砌峰山。……看不尽傲霜君子竹,欺雪大夫松……

生 成 感 悟

感悟一:教学设计的精巧和内容的丰富性促进了课堂生成。短短的三十多分钟,教师通过一些问题的设置和提问传达给学生阅读小说的基本要素:人物、情节、环境。但又不是机械讲述,而是将情节放置在回目标题中,引导学生玩味;将环境放置在语言描写,特别是诗词描写中,引导学生欣赏和积累。从人物探寻到语言赏析过渡自然不着痕迹,完全沿着一个"喜欢"聊一聊,达到一个激趣的效果,完成了使学生愿意看而且懂得看哪些内容的目标。

感悟二:人物形象的多重探究促成课堂生成。小说的中心要素是人物,能否把握人物个性是读懂书的要素,虽说一千个读者就有一千个哈姆雷特,但大多数读者往往忽视人物特点的复杂性，课例抓住学生比较喜欢的两个人物孙悟空和猪八戒，引导学生陈述了孙悟空的神性之后还探究了他的"猴性"，讲完了大家都比较关注的猪八戒一系列的缺点之后还关注了他的一些闪光点。笔者成长的阶段接触的教育大多是非好即坏，导致生活中也如此定义人物，闹了不少笑话。

感悟三：语言欣赏的独特角度促进课堂生成。语言描写的欣赏是阅读名著获得最大收益的渠道，大多教师会找出一些精彩的片段让学生赏析。课例中除了运用此类方法外，分别从诗词描写、回目标题、环境的细节描写等内容的探究将语言和情节、环境紧密结合在一起，让学生在感受情节的同时接受语言的熏陶，达到事半功倍的效果。

感悟四：适时的字词积累同样促进了课堂生成。万丈高楼平地起，语文素养的生成缺少了基础便无从谈起，课例中三次适时进行的字词教学是一大亮点。特别是提到遇到生字词解决的方法，给学生的心里埋下一颗爱读、好读、会读的种子。

感悟五：师生平等的交流和教师适时的肯定评价有利于课堂生成。良好的课堂氛围是一节好课的基础，对于学生比较难以读完的长篇经典，能引导学生讲出自己的感悟，简直是难上加难。本节课师生的平等对话，特别是老师听到一位同学讲到文章细节追问是否完整读过原著，得到回应后马上夸奖学生比自己强多了。此举不仅使这位学生得到充分的肯定，同时对于其他学生也是有效的引导。

写在最后

一堂优质的名著导读课必须完成两个维度的目标：导读什么和怎么导读。通过这两者的完美融合，使学生认识到名著之中的精髓并且生成个性化的阅读。要想达到这样的目标，师者要有亲身的阅读体验，在自身较高的阅读视野和素养下获得自生长，才能设计出好的导读促成学生的自生长。

孙俞芳

安徽省宁国市津河中学

平等的教学对话

——《平凡的世界》教学生成之思

写在前面的话

雅斯贝尔斯曾感叹人们草草阅读，只知追求简短的、能快速获知又迅速遗忘的信息，而不是能引起反思的东西，今天的情形就是如此。面对这种"浅阅读"风气的存在，不得不在反思的同时又为其寻找办法，因此引导学生进行名著阅读刻不容缓。

如何让学生对名著产生阅读的兴趣？需要语文老师在平等的教学对话中重视课堂生成。王荣生重视课堂教学中的"生成",即主动地把教学的立足点从"教"移向"教与学"的关联。

在涉及阅读教学的定义时,王荣生指出:"'阅读教学'指语文教科书的课文教学,是建立学生与'这一篇'课文的链接。"他强调阅读教学的功能所在,也就是"维护学生的'倾听权'和'言说权'"的表现,课堂教学中的"生成"是由师生的平等对话完成的。其阅读教学的核心是"教学对话理论",也就是"让学生用自己的口说出自己对作品的理解和感受",但要杜绝的是教师以维护学生话语权为借口而"不作为"。"当学生学习过程中出现牵强附会、任意性解读的状况,教师就应该正确引导学生,否则,学生各执一词、不得要领,无所适从,阅读教学将会陷入一种无序无效、混乱不堪的状态。"

教学生成需要教师的认真备课,需要有一个民主平等的教学环境,需要教师设计的问题能深化学生对课文的理解。课堂教学的"生成"是在师生"平等对话"的基础上完成的,从而引起学生对名著的喜爱。

课堂实录

（节选自陈金华老师《时代的恋歌心中的恋歌——从孙兰花、孙兰香的爱情与婚恋说起》）

师：《平凡的世界》是鸿篇巨制的小说，课前老师收集了同学们的阅读情况信息和阅读中产生的问题，在同学们的问题中，刘宏浩同学提的两个问题非常有意思，有价值。请同学来读一下这两个问题：（1）兰花和兰香都是孙玉厚家的女儿，但她俩的人生轨迹与形象为什么会相差这么多呢？（2）是什么让她俩（兰花和兰香）的爱情观念差距如此之大，完全是因为文化水平吗？

师：这两个问题的表述老师没有进行修改，虽有不足之处，但表达总体上是清晰的。要解决这两个问题，我们就先从孙兰花的爱情与婚恋说起吧。

（PPT显示部分课堂标题：从孙兰花的爱情与婚恋说起）

师：要从孙兰花的爱情婚恋说起，这必然涉及兰花的人生轨迹，哪位同学来说一说孙兰花在小说中的人生轨迹是怎样的？

生：兰花的人生轨迹是这样的：她在村子里遇到了一个男人——王满银，王满银喜欢兰花，就对兰花献殷勤，然后兰花就嫁给了王满银，但是王满银不是什么好人，所以兰花与王满银结婚后家里境况不太好。当然，最后王满银还是改过自新了，结局也还算是圆满的。

师：整体上还是说得不错，老师这里概括一下。孙兰花为孙玉厚的长女，孙少安、孙少平及孙兰香的大姐。孙兰花因为王满银的"乱骚情"，因为王满银"在她那没有什么光彩的青春年月里，第一次给过她爱情的欢乐"，坚决嫁给了王满银，嫁到临村罐子村，生下了两个孩子。但孙兰花的丈夫王满银不务农事，土地承包后，长年在外闲逛，后来还带回了一个"南洋女人"，孙兰花羞怒难当，心灰意冷而吃"老鼠药"自杀但被救。王满银在多年漂泊过着流浪汉似的生活后，一夜在旅店里幡然醒悟，终于浪子回头，回到了兰花身边，回家与兰花、孩子共度生活。

（PPT显示：婚前分担责任→恋爱结婚→婚后独自持家、坚守婚姻与家庭→全家团圆）

师：我们把自己代入小说中，如果你是孙兰花，你会和王满银结婚吗？为什么？

（PPT显示：如果你是孙兰花，你会嫁给王满银吗？

为什么？）

师：我们请课代表同学先来挑战一下。

生：如果我是孙兰花，我肯定不会嫁给王满银，因为他一天到晚不着家，家里所有的事情都要由一个女人——"我"来承担。给他生了孩子，他也不回来，也不照顾孩子，家里一天到晚的农事等都只是"我"一个人承担，很累，很无助，也没有爱情……反正我是绝对不会嫁给他的。

师：问题是，当时兰花知道王满银会是这样"一天到晚不着家"瞎逛吗？我们是读了全本的小说后才知道婚后的王满银仍是"逛鬼"，当时兰花和王满银认识的时候，她知道王满银会这样吗？

生：当时，我记得小说中说过"他是一个二流子"之类的话，并且孙兰花和她父母说这件事情的时候，她父母也是反对的，说王满银是一个"逛鬼"，但是……

师：如果你是兰花，你只能站在当时孙兰花的立场上考虑。

生：当时，因为他对兰花又亲又抱的，还送她衣服，应该是除了她父母之外，对她好的第一个男人，兰花就特别地……

师：你自己就是兰花。

生："我"就特别地感动……

师：那嫁还是不嫁？

生：嫁！（全场师生顿时大笑）

师：课代表同学的回答很有意思。你第一个回答其实是在看了全本小说之后，站在局外人的立场上来选择的，但是站在当时兰花的立场上，是会选择"嫁"的！那么，嫁，还有别的理由吗？

生：或许，还有点感激王满银对她好，也可能因为她之前过得太苦了，突然有个人对她好，就会让她受宠若惊，会觉得这个人就是一心一意地对她好，会很感动，然后就会想要嫁给他。

师：有没有说我不嫁的？

生：……（学生陷入思考，没有提出"不嫁"的态度与理由）

师：看来大家目前还没有新的想法要与大家交流，那这个问题，我们就先交流到这里。实际上，小说中的安排是确定的，关键是，兰花为什么要嫁给王满银？并且还那么坚决，那么死心塌地地跟着他？我们还要从小说中的情节精选出来，读一读看看兰花为什么要嫁给王满银？

（PPT显示关键情节与语段1：

但平时一直对父亲羔羊般温顺的兰花，这一次却强硬地一边哭,一边和父亲顶嘴,说她死也要死在王满银的门上……

　　结婚以后,尽管王满银在所有的人看来,都不是一个好女婿,但兰花却死心塌地跟他过日子,并且给他生养下一男一女两个娃娃。男人一年逛逛悠悠,她也不抱怨,拉扯着两个孩子,家里地里一个人操磨。她不怕这个家穷。她从小就穷惯了。不管别人对她丈夫怎么看,这个忠厚善良的农家姑娘,始终在心里热爱着这个被世人嫌弃的人——因为在这世界上,只有这个男人,曾在她那没有什么光彩的青春年月里,第一次给过她爱情的欢乐啊!)

　　师:从这个语段,你能看出兰花为什么要嫁给王满银?

　　生:我觉得孙兰花在王满银开始还没有体现出不好的方面的时候,就已经爱上他了。到后来,孙兰花骨子里是有一股倔强劲儿的,家里人越要干预她,她越是非要和王满银在一起,有一种反抗的心理;再加上之前培养的感情,加上她可能也不害怕和家里断绝关系,以及可能也不怕世俗的眼光……

　　师:上述语段有一句话已经直接揭示了孙兰花为什么要嫁给王满银,你能将这句话读出来吗?

　　生:(朗读)因为在这世界上,只有这个男人,曾在她那没有什么光彩的青春年月里，第一次给过她爱情的欢乐啊！

师：一句话，这个男人给过她爱，又是第一次闯入她的情感世界，加上王满银其实人还长得帅帅的，也挺会说话，甜言蜜语，又在外面见过世面，一个没有多少见识而又单纯的兰花，在这个时候，你说她能不嫁吗？因而这个单纯的、倔强的、富有反抗性的兰花，对王满银如此专一，我们也就可以理解了。所以兰花坚决嫁给王满银还如此死心塌地，就是因为她被爱与爱，因为王满银给了兰花生命的尊严与青春的色彩。老师是这么理解的，不知道大家能不能接受？（学生点头称是）这也是孙兰花的第一次选择：反抗。——通过反抗来争取并维护一个女人想要的爱情与幸福，虽然她不知道未来会怎样。由此，我们也就能理解，当王满银因为卖老鼠药被劳教时，兰花所体现的包容与体贴。

生 成 感 悟

感悟一：在与学生共同学习完《平凡的世界》后，真正体会到营造一个平等交流的环境是教师充分尊重学生的重要保障。平等的教学对话，才能达到共同钻研文本的目的，形成教师、学生、文本三者的有机结合，师生共同进入一种新的境界。这种新的境界，并非是教师引导学生完成具体的某项任务或者目标，而是一种对话，一种动态生成的过程；是教师、学生围绕文本共同参与，通过对话、沟通和合作活动，生成的一种创造性地推进教学活动的过程。

感悟二：平等的教学对话有利于生成弹性的教学。在学习《平凡的世界》时设置的一个问题：兰花和兰香都是孙玉厚家的女儿，但她俩的人生轨迹与形象为什么会相差这么多呢？在弹性的教学预设下，使得学生围绕老师设置的问题自由发挥，做到对文本的深刻理解。师生在自主构建教学活动的过程中，以体验、领悟、思辨的方式升华主题。只有教师与学生之间形成良好的互动，生成才成为可能，在你来我往中进行思想的碰撞，教师才会洞悉学生的发展水平和学生的兴趣点。生成性学习是由美国心理学家维特罗克提出的，他认为："学习是一个主动的过程，学习者积极参与其中并非被动地接纳信息，而是主动建构自己对信息的解释，并从中做出推论。"

感悟三：平等的教学对话有利于学生充分发挥主观能动性。学生在宽松的、平等的教学对话中思想得到碰撞，产生火花，为进一步理解文本的深刻内涵打好基础。在平等的教学对话中，学生对于新知识的构建产生了与原有知识的契合。

写在最后

笔者认为，生成性课堂理应成为我们每位语文教师所追求的课堂。反省自己以往的课堂缺乏合适的"教学对话"，不仅束缚了自己的手脚，更重要的是束缚了学生的手脚，完全没有把学生当成一个独立的个体，给予充分的尊重。没有一个平等交流的环境，师生之间将很难碰撞出思想的火花。

教师和学生始终是在围绕文本来展开平等对话。唯有如此才能达到教师和学生充分吃透文本，钻研文本，才能在文本的基础上展开平等对话。学生围绕问题展开独立思考，不让自己的大脑成为别人思想的跑马场，唯有这样学生的思考力、表达力才能够得到锻炼，成为一个有独立思想的人。

宿　娜

山东省平原县第一中学

巧引探著

——《红星照耀中国》课堂生成之思

写在前面的话

里赫登施坦因《书话》里说:"读书能够开导灵魂,提高和强化人格,激发人们的美好志向;读书能够增长才智和陶冶心灵。"

《红星照耀中国》是美国著名记者埃德加·斯诺的名著,一部文笔优美纪实性很强的报道性作品。作品真实记录了自1936年6月至10月在中国西北革命根据地进行实地采访的所见所闻,向全世界报道了中国和中国工农红军以及红军领袖、红军将领们的情况。

　　作者对中国西北革命根据地进行了实地考察，根据考察所掌握的第一手材料完成了本篇的写作。

　　斯诺作为一个西方新闻记者，对中国共产党和中国革命作了客观评价，并向全世界作了公正报道。毛泽东和周恩来是斯诺笔下最具代表性的人物形象。这本报告文学集以近二十种文字翻译出版，几十年间几乎传遍世界，成了著名的畅销书。

　　名著阅读的课堂应是引导学生向小说未知方向挺进的旅程，随时都有可能发现意外的通道和美丽的图景。名著作为文化与文明的载体，吸引了众多的爱好者，更有许多研究其阅读方法的爱好者。比如目前国内有影响力的樊登读书会，樊登老师用独特的讲书方式，画思维导图、看原著等，引导一大批读书爱好者走在阅读的道路上，他让那些想读书但没时间读书的人，通过先听书，在事业、家庭、心灵方面有所感悟、有所提升后，自觉找书阅读，让阅读服务生活。

　　作为一个语文老师，目标是让短短几十分钟的语文课堂能涵盖全书，用灵动、灵活的教学让学生获益匪浅。引发学生探寻名著的热情，促进学生思维的跃动，让每一次的发现，变成成长的动力。

课 堂 实 录

师：全班同学所在六个队队长，准备好了吗？你们每个队的 A、B、C、D、E、F 若干个程度级成员都各就各位了！这节课我们将开展阅读抢答活动，大家阅读名著，然后针对我提出的问题，（**课堂采取限制发言的方法，保证课堂**）井然有序地答题。难度大的内容组长让优生发言，难度小的内容让第二或第三层级生发言，以此类推。当 A 级发言时，其他程度级发言就要扣分，大家听明白了吗？我们开始。（**每个程度级同学有序答题，各小组公平竞争**）

生：老师，公平性问题是解决了，但是这种方法表面上看起来很热闹，但对我们优生的思维水平没有多大提高，大多数同学是参考内容后回答问题的，怎么办？

师：我想每次只限制三个学生发言，每个问题只给一个程度级的三个人发言的机会，这样六个队有竞争地发言，可以提高课堂发言的质量，让每次发言的同学都有成就感。发言分好、中、差，分别记 10、9、8 分。大家同意吗？

生：同意此方案！

师：那我们开始吧。一书在手，我心欢喜。走进名著《红星照耀中国》将用一节课的时间完成阅读，我们一起来挑战吧？看《红星照耀中国》思维导图。请根据导图看目录，各组长领任务组织成员研读。

目录展示：

[第一篇、第二篇（第一组）

第三篇、第四篇（第二组）

第五篇、第六篇（第三组）

第七篇、第八篇（第四组）

第九篇、第十篇（第五组）

第十一篇、第十二篇（第六组）

组长安排：阅读时间十五分钟]

师：十五分钟内各小组大都阅读了自己所分配的章节。接下来请大家聚焦自己阅读内容中关于红军的章节，请同学们选择感兴趣的部分默读，并做读书卡片。

生：已找好。（六个组长分别展示各自章节）

师：再次速读，梳理人物的主要经历，标注最让你感动的故事或细节，摘录作者评论人物的关键词，写读书卡片。

《红星照耀中国》读书卡

填写人：

人物主要经历：

令我感动的故事或细节：

作者评论：

我的感受：

生：（小组内分享交流）

师：总结读书方法是什么？

生：B1读书摘记法、B3讨论交流法、B6朗读品味法。

师：除了以上方法，还有哪些阅读法？请A组补充。

生：A1知人论世阅读法、A3了解背景阅读法、A4圈点批注阅读法、A5写感悟阅读法。

师：不错，了解作者，对了解名著精髓很有帮助。请同学们快速阅读序言，并且查阅资料，了解作者。

师：展示书序常识。

生：讲解序言内容，简介作者，埃德加·斯诺——美国著名记者。他于1928年来华，曾任欧美几家报社的驻华记者、通讯员。1936年6月斯诺访问陕甘宁边区，写了大量通讯报道，是第一个采访红区的西方记者。抗战爆发后，又任《每日先驱报》和美国《星期六晚邮报》驻华战地记者。他在以延安为中心的陕甘宁边区进行实地采访，把所见所闻，把中国和中国工农红军以及许多红军领袖、将领的情况都公之于众。毛泽东和周恩来是斯诺笔下最具有代表性的人物。

师：书名有何变化？

生：原名《红星照耀中国》，为了在国统区发行，又名《西行漫记》。

师：请同学们总结本节课阅读方法。

生C1：读目录——读正文——读序言——知作者——解标题。

生C2：刚刚C1同学说的是纵向阅读法，我来说说横向阅读法。我曾经尝试过看开头结尾猜读法——此方法让我的创意大增，做读书笔记法——丰富了我的语言表达，写感悟法——让我阅读更深入……

师：是啊，不管是纵向还是横向的方法都有阅读的收获！希望大家积极探究、总结！一节课时间很短，真正的阅读在课后。让我们制定阅读计划，写感悟，写诗，把全书再读起来。

师：斯诺因为心中有谜，用不停地行走与采访解开了心中一个又一个谜团，愿同学们热爱阅读，常怀探究之心，不断挑战未知！

生成感悟

感悟一：教师设问的切入引发了学生一节课探究名著的好奇心。《红星照耀中国》的年代与孩子们距离遥远，如何增强感性认识，只有通过阅读了解原著内容。让学生分组滚动阅读和交流，究文得法。教师层层追问，促成课堂生成。

感悟二：运用小组滚动阅读竞赛，触发学生兴趣，让基础薄弱的学生有活干，有话说。素养较高的学生能深入探究，带动同学，让分层次学习展示获得实现。学生最终有感可发，在实践当中起到促思考、生成的作用。教师及时给予鼓励引导，是对学生的人文关爱。

感悟三：学生写诗和读后感，使思考深入，思路开阔，思维缜密。学生能言之有物。生成了许多虽简但富有情感又有价值的作品。篇幅有限，不能一一列举，虽然比较稚嫩，但是看得到孩子们阅读的深入和细心。在介绍作者的诗里，小作者不仅写出了作家在白色恐怖里境遇的艰难，更从作家身上看到了他精神的伟大。

感悟四：善于把握时机，调整问题顺序，促成课堂生成。教师在课堂教学中不能脱离文本天马行空，基于学情与文本的设问才具意义与价值。因为优化了问题结构，形成思考的梯度，拓宽思考的广度，促进思考的深度，由点到面促进了学生思维、品质的发展。

感悟五：这种滚动阅读展示的方法有三点好处：①解决了很多老师的困惑，因为学生发言质量不高又怕挫伤学生的积极性，只好笼统地说很好。而给分评判，学生瞬间明确结果，又不伤害自尊心，激发了学生发言的积极性。②有利于提高学生滚动发言的质量。如果第一个同学发言不正确，老师就提示第二个同学怎样讲，如果第二个同学不完整，老师提醒第三个同学补充完整，这样学生就学会了老师答题的思维方法。如果第二个同学答得比较好，老师就叫第三个同学归纳一下，培养学生的归纳能力，学生的发言逻辑性也就加强了。③可以避免老师在课堂上的尴尬。如果只是一个学生发言，当老师判断不了的时候，就会出现尴尬的局面。有三个同学发言，老师就有缓冲的时间，让学生说完，老师再来评判。

写在最后

做一个善于阅读的人。语文课正是培养学生思想和灵魂的好平台。语文课堂，就是要通过语言实现思想与思想的碰撞，灵魂与灵魂的交流。有思维梯度的设问与有深度的追问相结合，让学生的思考替代肤浅的浏览；问题设计让学生多视角地感知内容，有阅读的支点，使阅读落到实处。《学记》说："独学而无友，则孤陋而寡闻。"一个人走能走得快，一群人走才能走得远，伙伴教育是师生教育和自我教育的重要补充。每个学生的视角观点不同，看到的内容重点就不同。课堂上的相互碰撞就会引出新的火花！

以学生对名著的细致研读和充分学习为基础、以灵动的教学智慧为支撑，我们的语文课堂就会熠熠生辉。学生展示的诗词感悟，就是学生们对名著的理解深度。期待我的名著阅读课堂在春天里纷飞蝶舞！我爱这生成诗意的语文课堂！

周卫红
安徽省宁国市津河中学

后 记

本书作为西苑出版社出版的"诗意语文系列丛书"之一，凝聚了诗意语文人的心血，展现了诗意语文人的风采，彰显着诗意语文人对课堂的不懈追求。本书在主编张茵老师的协调调度下，汇集了董一菲诗意语文工作室的全国各省市30多位优秀的诗意语文骨干教师，经过一个寒假的反复打磨，数易其稿，精益求精，现在终于呈现在大家面前。作为本书的副主编之一，我感到幸福和骄傲。

于漪老师说，自己上了一辈子深感遗憾的课。每堂课都不可能尽善尽美而毫无瑕疵。语文教师对课堂再精心地预设，也会留下遗憾。那么，我们何不把课堂的更多时间还给学生，充分发挥学生的主体作用呢？在弹性预设的基础上，充分调动学生的积极性，发挥学生的主观能动性，让学生和老师共同完成这一次奇妙的课堂探索之旅，岂不是收获更大？我们这本书就是本着这样的初衷来进行构思设计的，我们的探索和思考可能不够深刻和完善，但相信一定会给正在语文课堂上迷茫的教师以借鉴和启迪。倘能如此，善莫大焉。

当下的语文课程，在应试教育的大环境下被挤压到边缘。学生不重视，老师也少了更多的课堂追求，导致许多教师的语文课只是对着课件照本宣科。原本应该灵动活泼的语文课堂变得死气沉沉。我们也一直在思考着如何改变这一令人痛心的现状，于是我们每个诗意语文人都从自己的课堂开始着手改变。本书的课堂实录大多来自我们30多位老师自己的课堂实践，虽然可能会有些许瑕疵和不足，但是我们愿意和广大的一线语文教师一起探讨，共同进步。

本书的选材立足于中学语文教材的名篇，分类编纂。文体涉及诗词、文言文、小说、散文、传记和文学名著六个方面。每篇文章包括老师们对生成课堂的思考和他们的课堂实录，以及他们的生成感悟几部分。每篇文章中都有教师自己对生成课堂的具体实践和思考探索，在他们的生成感悟中我们可以看到作者们的一片丹心。每一个看似简单的感悟背后，凝聚着的是作者十几年的教学经验和不间断的思考。感谢他们的教学分享。

本书的几位主编都是其所在学校的教学骨干和董一菲名师工作室的各栏目负责人。他们都有着渊博的专业学识、丰富的教学经验和严谨的工作态度。主编张茵老师是牡丹江市骨干教师，董一菲诗意语文微信群群主，是工作室的执行负责人。副主编张肖侠老师是陕西省语文学科带头人，工作室

"诗意阅读"栏目负责人。副主编李萍老师是宁阳市骨干教师,有自己的名师工作室,是工作室"教师专栏"栏目负责人。副主编王青生老师是沧州市高层次人才,工作室"诗意讲坛"栏目负责人。副主编刘士友老师是"中语杯"全国中青年教师课堂大赛二等奖获得者,工作室"诗意书法"栏目负责人。

为了本书的顺利编写,大家精诚协作,多次进行电话沟通。每位主编都任劳任怨,认真修改、校稿,联系作者,反复沟通。他们的奉献精神让我十分钦佩,在与他们的合作中让我也学到了很多。再次对他们表示感谢,感谢他们的无私奉献。正是有了他们的春节期间的付出,才有了这本书的顺利付梓。

最后感谢我们的师父,诗意语文的倡导者,诗意语文工作室主持人董一菲老师。师父以海纳百川的胸襟、平易近人的处事风格聚集起了一批优秀的诗意语文人,让我们这些草根老师能有一个诗意的灵魂栖居地。感谢师父给我们提供的这样好的学术平台,让我们不断地提升自己。当天南海北的诗意语文人共同聚集到一起时,我相信前行的路上我们不会孤单。让我们携起手来一同走向语文的诗意和远方。

刘士友

2018 年 2 月 28 日